Nas Amarras da Arrogância

A Queda de um Cavaleiro Amargurado

André Cozta
por Pai Cipriano do Cruzeiro das Almas

Nas Amarras da Arrogância
A Queda de um Cavaleiro Amargurado

MADRAS®

© 2014, Madras Editora Ltda.

Editor:
Wagner Veneziani Costa

Produção e Capa:
Equipe Técnica Madras

Revisão:
Margarida Ap. Gouvea de Santana
Arlete Genari
Ana Paula Luccisano

Dados Internacionais de Catalogação na Publicação (CIP)
(Câmara Brasileira do Livro, SP, Brasil)

Cipriano do Cruzeiro das Almas, Pai (Espírito).
Nas amarras da arrogância: a queda de um cavaleiro amargurado/Pai Cipriano do Cruzeiro das Almas; [psicografado por] André Cozta. – São Paulo: Madras, 2014.

ISBN 978-85-370-0918-5

1. Psicografia 2. Romance 3. Umbanda (Culto)
I. Cozta, André. II. Título.

14-05561   CDD-299.672

Índices para catálogo sistemático:
1. Romance mediúnico: Umbanda 299.672
2. Umbanda: Romance mediúnico 299.672

É proibida a reprodução total ou parcial desta obra, de qualquer forma ou por qualquer meio eletrônico, mecânico, inclusive por meio de processos xerográficos, incluindo ainda o uso da internet, sem a permissão expressa da Madras Editora, na pessoa de seu editor (Lei nº 9.610, de 19.2.98).

Todos os direitos desta edição reservados pela

MADRAS EDITORA LTDA.
Rua Paulo Gonçalves, 88 – Santana
CEP: 02403-020 – São Paulo/SP
Caixa Postal: 12183 – CEP: 02013-970
Tel.: (11) 2281-5555 – Fax: (11) 2959-3090
www.madras.com.br

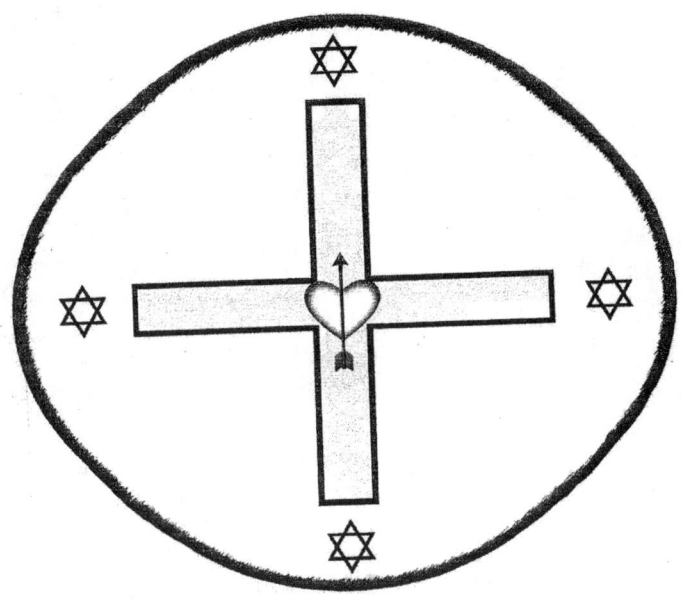

"Não há equilíbrio sem estabilidade,
não há estabilidade sem equilíbrio,
não há evolução sem justiça,
não há justiça sem evolução."

Mestre Rhady

Agradecimentos especiais

Dedico esta obra a Deus, nosso Amado Criador, a todos os Divinos Orixás que me conduzem, aos Mestres e Guias Espirituais que me acompanham, e acompanharam, durante toda minha jornada terrena, encarnado ou não, e que me acompanharão, ainda, daqui em diante. Não posso deixar de expor aqui minha pública declaração de amor a este espírito que me conduz de modo tão sábio e magistral: Pai Cipriano do Cruzeiro das Almas. O meu amor pelo senhor é infinito! Muito obrigado por tudo, sempre!
Este livro encerra a Trilogia "O Preto-Velho Mago", um conjunto de obras que foram fundamentais para a minha reforma consciencial.

André Cozta

Índice

Prefácio 11
Uma Mensagem Sincera 13
Reflexão Íntima: Única e Verdadeira 15

CAPÍTULO 1
Um Homem Amargurado 17

CAPÍTULO 2
O Primeiro Saque 29

CAPÍTULO 3
Novos Ventos Sopram 41

CAPÍTULO 4
Aprendiz de Feiticeiro! 51

CAPÍTULO 5
Rumando para a Negatividade 63

CAPÍTULO 6
Aflorando Preconceitos 71

CAPÍTULO 7
Amor e Revolução 83

CAPÍTULO 8
Belos Olhos Azuis 91

CAPÍTULO 9
Uma Ímpia e Injusta Guerra..101

CAPÍTULO 10
Um País Chamado Brasil..113

CAPÍTULO 11
O Momento Decisivo Aproxima-se............................125

CAPÍTULO 12
Guerra de Feitiços e uma Armadilha.........................139

CAPÍTULO 13
A Última Punhalada..149

CAPÍTULO 14
O Último Golpe..161

Prefácio

E o ciclo se fecha, completando o tempo permitido pela Lei para as semeaduras ilusórias: ambição pela riqueza material, não importando a que custo; necessidade de reconhecimento social pela aparência de *status* e poder; ausência de escrúpulos, que abre as portas para a desonestidade; envolvimento com pessoas com escala de valores distorcidos, tornando ainda mais nebuloso o campo das escolhas; desrespeito à vida de outrem, comprometendo uma encarnação de oportunidade.

Tudo isso se desenrola na trama da vida do ser que é o personagem central desta história.

As consequências, ou colheita, são os resultados espirituais que foram relatados no primeiro livro da trilogia: *O Preto-Velho Mago – Conduzindo uma Jornada Evolutiva*.

Esta é mais uma obra com grandes ensinamentos para a reflexão e aprendizado. É o relato de uma das vidas desse ser, na personalidade de Ramón Carreras, mas é também a história de muitos de nós. Diariamente estamos escrevendo a nossa história; o Tempo e suas Leis fazem o registro, inclusive do que sentimos e pensamos. No final, a Lei Maior apresenta as consequências do que semeamos. Que ninguém se iluda!

De forma magistral os fatos são relatados, situando as ocorrências no tempo e lugar. As datas apresentadas no relato, os momentos históricos do nosso país, tudo isso dá peso a esta obra.

Novamente, o dom de que André é portador nos enche de alegria, porque sabemos que é mais um canal positivo por onde muito mais fluirá.

Aproveitem esta oportunidade de ensinamentos, fundamentados dentro dos princípios da Umbanda Sagrada.

Abraço fraterno,

José de Brito Irmão
Sacerdote Umbandista e
Mago Iniciador em Magia Divina

Uma Mensagem Sincera

Tantos de nós passamos amargurados pela vida! Percebemos isso muitas vezes à nossa volta ou em nosso íntimo.

Quando assim estamos, pouco fazemos para reverter o quadro. Quando percebemos nessa situação alguém próximo, que é querido por nós, tentamos alertá-lo, abrir-lhe os olhos. A outros, por não serem tão íntimos, não interferimos ou até mesmo fazemos "vistas grossas".

A amargura leva um ser humano, invariavelmente, ao sofrimento. E, muitas vezes, ao fundo do poço.

Ramón Carreras, o personagem central deste livro, é um exemplo máximo de quem se negativou ao longo de várias encarnações e, no ápice dos equívocos e da ignorância, chegou ao fundo desse poço, ao qual ninguém quer chegar – mas nem todos trilham o caminho contrário a ele.

Àqueles que consideram que todos os problemas surgidos na vida material são frutos ou o resultado de coisas acontecidas no atual estágio evolutivo, este livro vem mostrar que a vida é muito mais, ou muito maior do que aquela que podemos ver, viver e lembrar, que é a nossa atual passagem pelo plano material.

Àqueles que puderam ler os livros *O Preto-Velho Mago – Conduzindo uma Jornada Evolutiva* e *À Sombra da Vaidade – Amor, Magia e Conflitos*, terão nesta obra o epílogo de uma trilogia que mostra algo muito simples: todos nós, seres humanos, somos dotados por Deus, nosso Pai Maior e Divino Criador, de faculdades e dons, para que os usemos em benefício de nossa evolução. E nem sempre assim fazemos. A vaidade, o ego inflado, os sentimentos mais baixos, tomam conta do nosso íntimo, sem que percebamos, muitas vezes. Ao longo do tempo, vão minando nossas essências e transformando-nos em seres ligados demais à matéria, e escravos de desejos que nos levarão ao caminho oposto ao que leva ao Pai.

O exemplo deste livro deve servir de alerta a todos, pois o resultado que aqui verão é um recurso da Lei Maior e da Justiça Divina para paralisar os negativismos de qualquer filho de Deus, e não somente do personagem central deste livro. E que não vejam isto como algo que "aconteceu com ele", mas como um exemplo do que pode acontecer com qualquer um de nós.

Espero que tenham uma boa leitura e que absorvam a essência da mensagem.

Que a paz de Deus esteja em vosso íntimo!

André Cozta

Reflexão Íntima: Única e Verdadeira

Uma máquina que absorve sentimentos negativos transformando-os em positivos, que absorve todas as amarguras e transforma-as em sede de evolução, de conquistas elevadas, para trilhar o caminho que realmente vos faça galgar degraus aos níveis mais excelsos da Vida e da Criação de Deus. Assim devem funcionar vossos íntimos. Assim devem agir os filhos de Deus. Porém, infelizmente, nem sempre é assim que ocorre.

A bondade e o amor de nosso Pai por seus filhos são infinitos e Ele dá um sem-número de chances para que trilhemos a via que leva de volta a Ele. E, muitas vezes, os seres custam a enxergar, a sentir a mão d'Ele afagando suas cabeças e dizendo: " Vai, meu filho, segue em frente, estou amparando-o!".

Quantas vezes esse filho deu as costas ao seu Pai? Quantas vezes ele não o ouviu? Ou, quantas vezes ouviu, mas não deu importância, pois estava tomado pelos sentimentos que só fazem afastar o ser de Deus?

O intuito desta obra é trazer essa reflexão, é fazer com que se voltem para os seus íntimos e avaliem-se internamente, no fundo de vossas almas, e questionem-se: "O que estou fazendo com a minha evolução?".

Evoluir é muito mais do que auxiliar vossos irmãos, vossos semelhantes, seja com palavras de conforto, seja com atitudes caritativas, com trabalhos mediúnicos ou religiosos em centros espíritas, espiritualistas, umbandistas, igrejas ou algo similar. Evoluir é tudo isso sim, mas, acima de tudo e essencialmente, é fazer realmente tudo o que se pratica "externamente". E praticar isso de fato, quer dizer, "internamente", pois só quando assim for feito, o trabalho de auxílio ao semelhante será sincero, verdadeiro, e trará reais resultados ao assistido.

Reflitam, repensem-se! Se necessário, recolham-se ao seus íntimos por algum tempo. E voltem renovados, reabastecidos e fortalecidos, engrossando as fileiras do exército de Deus.

Desejo que fiquem, realmente, em paz consigo próprios!

Desejo, de coração, que encontrem a paz do Pai Maior!

Pai Cipriano do Cruzeiro das Almas

Capítulo 1

Um Homem Amargurado

    Cavalgava vagarosamente naquela tarde fria de 1835 d.C., em Villa del Rosario (atual cidade de Rosário, capital da província de Santa Fé, na Argentina). O céu estava nublado e eu queria, naquele instante, montado em meu cavalo, às margens do Rio Caracaraña, entender os motivos que estavam me levando a tomar aquela decisão.

    Meu nome, à época, era Ramón Carreras. Havia tido uma infância pobre, pois minha mãe criou-me sozinha e trabalhou muito para que eu estudasse e tivesse uma vida mais confortável.

    Há mais de um ano ela havia falecido. Eu, em verdade, não aceitava sua morte, pois tinha nela o grande exemplo de tudo o que havia de melhor na vida. Os grandes e valorosos sentimentos, a meu ver, saíam do íntimo de minha mãe e espalhavam-se pelo "espaço" como um bálsamo renovador para o mundo.

    Aos 23 anos eu já era um homem amargurado, infeliz e tornava-me, a passos largos, insensato.

    Pensava em uma forma de ter uma vida melhor, ganhar mais dinheiro e, de algum modo, dar muito orgulho à minha mãe, onde quer que ela estivesse.

Eu era hábil com armas. Havia aprendido a atirar com o capataz da fazenda onde minha mãe trabalhou, quando eu tinha apenas 16 anos.

Fiquei fascinado quando, pela primeira vez, manuseei um revólver.

Naquele instante, montado em meu cavalo, com o revólver na mão, olhava-o e lembrava-me da primeira vez em que tivera contato com uma arma.

O vento frio tocava meu rosto. Triste, lembrava-me de minha amada mãe. Chorei em silêncio naquele momento.

Rosário era uma cidade pequena à época, porém, tinha um movimento grande de pessoas que por lá passavam.

Acabei conhecendo alguns viajantes que me propuseram alguns negócios.

Era uma possibilidade de ganhar um bom dinheiro em pouco tempo e estabilizar-me financeiramente.

Eu morava ainda em uma pequena casa, nas terras do fazendeiro para o qual minha mãe trabalhou. Foi a forma que ele achou de recompensar pelos anos e anos de serviços prestados por ela, deixando-me continuar morando lá.

Mas eu queria sair logo daquele lugar. Achava que merecia uma vida melhor e mais confortável. Sonhava com uma casa grande para mim. Não me imaginava de outra forma que não fosse residindo em uma casa enorme e confortável. E a decisão que eu tomava naquele instante era a de, a partir daquele momento, me tornar um grande comerciante.

Alguns homens que conheci, vindos do Uruguai, Brasil e Chile, propunham-me uma possibilidade de negócio rentável. Só precisavam que eu facilitasse o acesso deles aos produtos.

E isso aconteceria, se eu conseguisse saquear algumas propriedades, roubando de suas adegas vinhos de safras especiais.

Em momento algum, naquela época, senti medo ou culpa por estar planejando trabalhar daquela forma.

E o meu primeiro passo seria roubar o sr. Valdinez, o ex-patrão de minha mãe.

Seria muito fácil, pois estava tudo bem próximo de mim e eu acabaria impressionando meus novos parceiros estrangeiros.

Ao cair da noite, fui para casa, decidido a entrar de cabeça naquele novo negócio que surgia. Eu não iria, em hipótese alguma, levar uma vida simples sendo explorado por grandes fazendeiros como minha mãe.

Alguns dias se passaram. Encontrei com os três homens, anunciei minha decisão e uma estratégia (uma estratégia falsa, que os impressionou bastante, pois não achava prudente que soubessem que meu primeiro trabalho seria tão fácil).

Saíram daquele encontro, impressionados comigo. Senti-me envaidecido.

Então, comecei a planejar o saque. Arregimentei 13 homens por intermédio de um comandante de minha confiança chamado Samir.

Samir era um árabe fugitivo da Síria e que viveu por algum tempo no Brasil. Já morava na Argentina há muitos anos e ganhava a vida com negócios escusos.

Um homem frio, implacável. Saqueador e matador profissional. Esse era o perfil do homem que, a partir daquele instante, tornava-se o meu parceiro.

Eu levava a maior parte nos lucros dos negócios. Ele comandava os homens, os ataques, a execução dos saques e ficava com 40% dos lucros.

Eu, o "cérebro pensante", ficava com 60% dos ganhos.

Com essa estrutura montada, eu poderia comandar tudo a distância, não me expondo na execução dos nossos planos.

Mas, meu espírito guerreiro, inquieto e hiperativo não me permitiria tal "comodismo" e, mesmo tendo ao meu lado um experiente "comandante", fazia questão de estar à frente e participar de todos os "ataques".

Montamos uma estratégia para o nosso primeiro saque, na fazenda do sr. Valdinez.

Eu tinha poucos dias para entregar os vinhos que iriam para o Brasil, o Uruguai e o Chile. E, por causa desse prazo curto que tínhamos, resolvemos atacar na primeira noite de lua cheia, que seria três dias após aquele, em que montamos nossa estratégia.

Como eu possuía um vasto conhecimento daquelas terras, afinal havia passado boa parte de minha infância e adolescência nelas, sabia exatamente os melhores pontos para a entrada de nossos homens e como poderíamos chegar à adega sem sermos importunados.

Àquela noite, feliz, bebi algumas garrafas de vinho e fui dormir embriagado.

Tive sonhos confusos, que me levavam a um lugar escuro, onde eu ouvia berros, gemidos e alguém que falava ao meu ouvido: "Você, em breve, estará ao nosso lado. Siga em frente. Você é nosso!".

Acordei no meio da noite, apavorado com aquele pesadelo e com dor de cabeça em virtude da embriaguez.

Não sabia o que poderia significar aquele sonho.

Eu era um homem cético e descrente. Não acreditava em Deus. Achava que se Ele realmente existisse, teria dado a mim e à minha mãe uma vida melhor e mais confortável. Pois, se existia, era para um homem como sr. Valdinez, que tinha dinheiro e muitas posses. Para nós, o "Deus" dos ricos e cristãos, era por demais cruel.

Além do mais, aquele Deus em que todos criam e para o qual oravam havia levado minha mãe embora e me deixado sozinho no mundo.

Eu era, por demais, amargurado. Não compreendia os desígnios do Pai, à época, considerando-me o "mais injustiçado" dos seres.

O que passarei a relatar aconteceu, naquele momento, sem que eu percebesse, pois me encontrava colado às faixas vibratórias mais baixas da Criação, o que não permitia que tivesse minha sensibilidade aguçada, como em outras eras, outras encarnações.

Ao meu lado um homem negro, velho, cabelo e barba brancos, usava um chapéu de palha muito grande, caído para o lado esquerdo do rosto, fumava um cachimbo curvo marrom. Olhava-me.

Naquele instante, ele pensou: "Mais uma vez, meu menino está se negativando. Não consegue compreender que está, novamente, caminhando para a via contrária à que leva ao Pai".

Ele volitou* para um campo aberto e lá ficou pensando. Queria encontrar uma solução para aquele problema que se apresentava.

Pensou: "Não posso fracassar como Mestre Tutelar e condutor da jornada dele. Preciso encontrar uma forma de fazê-lo acordar. Mesmo que seja uma forma bruta e brusca".

Naquele instante, meu Mestre tentava encontrar uma via que me fizesse fugir da negativação. Mas minhas atitudes não condiziam com a expectativa dele – e era exatamente isto que o preocupava por demais.

Dali para a frente, desenhavam-se tempos preocupantes para meu Mestre Espiritual. Afinal, eu vinha me negativando mais e mais a cada encarnação, e ele sabia que se não me recuperasse naquela, meu destino seria bastante preocupante.

Mais uma vez ele volitou, chegando, dessa vez, a um cemitério.

Naquele campo-santo, meu Mestre dirigiu-se a um salão, onde se encontravam outros espíritos servidores da Luz, que o aguardavam.

---
* N.E.: Do verbo volitar; esvoaçar.

À entrada daquele local, uma porta muito grande com uma enorme cruz violeta simbolizava que aquele espaço era regido pelo Sagrado Trono da Evolução.

Ele se identificou ao Guardião, que autorizou sua passagem.

No interior daquele salão de reuniões, encontrou com Mestre Gehusyoh, o espírito que comandaria aquela reunião. Além dele, um índio com um cocar verde, vermelho e branco, grande, que trespassava toda a extensão das suas costas, com uma lança na mão direita, um arco atravessado ao peito e uma bolsa de flechas às costas.

Mestre Gehusyoh falou:

– Bem-Vindo, Senhor Mestre Mago da Luz Pai Cipriano do Cruzeiro das Almas! Eu e o Senhor Mestre Mago da Luz Cacique Tupinambá aguardávamos sua chegada para que iniciássemos nossa conversa.

– Estou à disposição dos senhores – falou meu Mestre.

Mestre Gehusyoh prosseguiu:

– Caríssimo Mestre Mago da Luz Pai Cipriano do Cruzeiro das Almas, vemos que a situação de seu tutelado é por demais preocupante. Sabemos e temos visto todos os seus esforços para que ele se recupere ainda durante esta encarnação, evitando assim a negativação completa, a densificação do seu mental e a descida desse espírito às faixas vibratórias mais baixas. Porém, caro Mago, todos sabemos que o mental dos seres conecta-os com energias e seres afins. E, cada vez mais, seu tutelado está dando claras demonstrações de que optou por se conectar com o "embaixo". Aliás, o senhor sabe muito bem do que falo, afinal, suas conexões com ele estão cada vez mais precárias e difíceis, não é mesmo?

– Exatamente, Senhor Gehusyoh!

– Então, caro Mago, o Senhor Mestre Mago da Luz Cacique Tupinambá traz até nós uma mensagem que está sendo levada a Mestres Espirituais de vários espíritos encarnados e, até mesmo, desencarnados, de um novo movimento religioso que levará ao plano material uma visão real das coisas Divinas àqueles que lá vivem, e também servirá para que espíritos negativados que queiram recuperar-se tenham uma real oportunidade de, por intermédio dessa religião, acelerarem suas evoluções no retorno à Morada de Deus.

Cacique Tupinambá começou a falar:

– Senhores Mestres da Luz, sou apenas um dos mensageiros dessa nova religião, cooptando vários espíritos que, em muitos casos, desiludiram-se ao longo dos tempos com as religiões atualmente estabelecidas no plano material por não encontrarem nelas as respostas para seus anseios e seus questionamentos, por não verem nelas o que está dentro de todos nós: Deus, nosso Divino Criador! E é por isso, Senhores Mestres, que, de forma emocionada, passo-lhes a seguinte mensagem: *"Caríssimos irmãos em Deus, é com imenso prazer que transmito a todos esta mensagem! Uma mensagem de fé em Deus e amor à vida. Uma mensagem que quer trazer a todos aqueles que realmente querem voltar aos braços do Pai esta real oportunidade. Nascerá em solo brasileiro, em breve, uma religião que resgatará a essência de religiões antiquíssimas já extintas no plano material. Será uma religião em que as pessoas cultuarão Deus por meio da Natureza e de suas divindades, seus poderes manifestados, os amados Orixás, cultuados há milênios em solo africano e que, cada vez mais, conquistarão os corações de um número incontável de adeptos nesse enorme pedaço de terra situado na América do Sul, chamado Brasil. Esse país, que será um dia o grande centro da espiritualidade mundial, terá, muito em breve, nessa religião, o maior 'reflexo' de toda a cultura do seu povo, pois carregará o culto aos Orixás africanos, terá entre seus trabalhadores espíritos dos escravos africanos e até mesmo de* *negros brasileiros que por lá sofreram e ainda sofrem com a ignorância do homem branco. Terá a essência da cultura brasileira ancestral, por intermédio dos índios, e abrigará todo aquele que a Deus amar, seja cristão ou de qualquer outra denominação. Se cristão, encontrará Jesus em todos os lugares onde essa religião estiver, pois ele estará lá, como um manifestador das qualidades do Divino Pai Oxalá. Será uma religião congregadora. E, sob a égide do Sagrado Pai Oxalá, reunirá o negro, o branco, o índio e todos aqueles que, por meio dela, quiserem falar em nome de Deus. Porque Deus é único, está em tudo, está em todos. Essa religião se chamará Umbanda, porque cada manifestador dela será em potencial seu 'sacerdote'* e, também, porque todas as 'bandas' (entidades espirituais diversas e divindades manifestadoras das vontades do Pai) estarão reunidas em nome do 'Um', que é Olodumaré, nosso Pai Maior! E se esta mensagem chegou até os senhores, Mestres da Luz em nome de Deus, é porque estão sendo convidados a participar desse movimento. A contribuição de cada um fará com que esse movimento religioso expanda-se rapidamente e também com que os espíritos protegidos de todos os senhores, por meio dela, encontrem-se intimamente, servindo a Deus, graças à simplicidade e à humildade. E, quando assim estiverem atuando, descobrirão que é exatamente na humildade e na simplicidade que Ele está. Despeço-me agora emocionado, sabendo que estaremos juntos nessa empreitada e sorriremos, felizes, olhando para o alto e agradecendo ao Pai por esta grande oportunidade, por esta Divina Bênção. Saravá!*

   Assinado: <u>*Um Mensageiro do Sagrado Pai Oxalá*</u>*!"*
  Cacique Tupinambá falou:

---

* Cada médium umbandista é um sacerdote em potencial, quando está atuando em nome da Lei de Deus

– Senhores Mestres, essa é a mensagem. Já sabíamos todos que algo neste sentido não tardaria a ocorrer. Há um movimento grande hoje de espíritos que são cooptados pelos Mistérios* manifestadores das qualidades dos Sagrados Orixás, porém, não encontram nas religiões estabelecidas espaço adequado e ordenação para o trabalho. Em muitos casos, seus médiuns têm de trabalhar "ocultamente". A religião de Umbanda vem para ser um esteio a essas manifestações e também um acelerador evolutivo para aqueles que a ela servirem e que dela se servirem. Sabemos o que vem se passando com o espírito tutelado do Senhor Pai Cipriano do Cruzeiro das Almas...

Ele olhou nos olhos de meu Mestre e falou:

– O Mistério que o senhor manifesta, Mago da Luz, também estará servindo à Umbanda.

Pai Cipriano sacudiu a cabeça afirmativamente e falou:

– Eu já havia sido informado, porém, não achava que tudo ocorreria assim tão rapidamente.

Cacique Tupinambá disse:

– Está tudo ocorrendo no tempo determinado, caríssimo Mago! Prosseguindo, muito além de tudo o que aqui explanei. Gostaríamos de contar com seu apoio de forma muito direta. Sabemos todos da negativação de seu tutelado que vem em uma crescente nos últimos séculos, mas também sabemos da relação que ele tem e sempre teve com a magia. E, por isso, gostaríamos de contar com a sua força para que direcionemos esse espírito para as fileiras da Sagrada Umbanda.

Naquele instante, Mestre Gehusyoh olhou para Pai Cipriano do Cruzeiro das Almas e falou:

– Caríssimo Mestre da Luz, vemos que muito dificilmente ainda nesta encarnação seu tutelado "acordará" e retomará o caminho reto que leva ao Pai. Então, consciente disso, sabemos

---

* Mistérios: manifestações das Qualidades dos Sagrados Orixás; são as linhas de trabalho na Umbanda. Ex.: Pai Cipriano do Cruzeiro das Almas.

que ele se encaminha a passos largos para uma correção muito forte após seu desencarne.

Pai Cipriano, pitando seu cachimbo, sacudiu a cabeça afirmativamente. Mestre Gehusyoh prosseguiu:

– O Divino Trono da Evolução, comandado pelo Sagrado Pai Obaluayê, caríssimo Mago, determinou que, a partir de agora, em um esforço conjunto, nos encaminhemos para a correção desse espírito de forma irreversível. Portanto, caríssimo Mestre Mago da Luz, seus esforços, a partir de agora, serão direcionados para a proteção dele, para o esclarecimento, como nunca deve deixar de ser, mas, fundamentalmente, para a correção que virá após o desencarne.

Pai Cipriano perguntou:

– Como será essa correção, caro Mestre Gehusyoh?

– Ainda não há uma definição, caro Mestre! Tudo dependerá de como ele caminhará no tempo que ainda lhe resta no plano material, o qual o senhor sabe, continuando da forma que está, será muito breve, Mestre Mago da Luz!

– Eu sei disso! Digo agora aos senhores – e que fique anotado nos anais do Divino Trono da Evolução – que sou completamente a favor da correção. É por nutrir um imenso amor por meu tutelado que estou à disposição dos senhores Mestres da Luz, dos Divinos Tronos e do Pai Maior, para contribuir com toda e qualquer determinação que venha a cortar os negativismos do meu menino e encaminhá-lo para o verdadeiro caminho da Evolução.

Mestre Gehusyoh falou:

– Muito bem, senhores! Nossa reunião foi por demais produtiva.

Olhou para o Cacique Tupinambá e disse:

– Senhor Mestre da Luz Cacique Tupinambá, informe aos seus superiores que mais um espírito necessitando reencontrar

Deus "engrossará" as fileiras de servidores da nascente religião de Umbanda.

Olhou para Pai Cipriano, sorriu, voltou a olhar para o Caboclo e falou:

– E mais um Mestre Mago da Luz "engrossará" as fileiras de trabalhadores de uma religião que mostrará, a todos que a ela chegarem, a verdadeira face de Deus.

A reunião acabou. Todos se despediram. Pai Cipriano do Cruzeiro das Almas deixou aquele salão de reuniões do Divino Trono da Evolução satisfeito, pois via, naquele momento, uma real possibilidade de recuperação para mim, ainda que parecesse muito difícil.

Capítulo 2

O Primeiro Saque

O planejamento para o ataque e os saques nas terras do sr. Valdinez já estava pronto. Apenas aguardava que Samir me informasse onde nos encontraríamos. Seria prudente adentrarmos sua propriedade após a meia-noite, quando estariam todos dormindo.

Encontramo-nos em uma taberna. O ataque deveria ocorrer na noite seguinte e, por isso, precisávamos ajustar tudo para que nada desse errado. E não daria! Eu me sentia muito forte e confiante. Algo invisível e muito próximo a mim fazia com que me sentisse muito poderoso.

Acertamos tudo, brindamos e bebemos muito vinho naquela noite.

Havia, naquela taberna, uma garçonete que me atraía muito. Sempre que lá estava procurava-a para conversar, mas, educadamente, ela mantinha sempre certa distância entre nós. Agia assim, muito provavelmente, a fim de manter seu emprego, afinal, era flertada por homens que frequentavam aquele local a todo o momento.

Mas eu, Ramón Carreras, considerava-me diferente, especial e melhor do que todos eles. Só não me questionava por que eu frequentava aquele ambiente, se realmente era "tão melhor" quanto me considerava.

Naquela noite, descobri que ela se chamava Tânia. E também pude perceber que havia uma atenção especial para com ela por parte do proprietário daquele estabelecimento, sr. Hugo.

Voltei para casa feliz e embriagado, mais uma vez. Aproximava-se o momento em que eu iniciaria, a passos largos, a caminhada para a minha independência financeira.

Eu tinha plena convicção de que isso aconteceria. Sentia em meu íntimo uma força que nunca sentira outrora.

Não consegui dormir direito naquela noite. A ansiedade tomava conta de mim. Eu contava os segundos para a chegada do grande momento. Além do fato de iniciar uma série de saques que me levariam para onde sempre sonhei, havia um prazer especial em atacar as terras daquele homem que, a meu ver, tinha uma grande parcela de responsabilidade na morte de minha mãe. Porque foi exatamente trabalhando para ele, tanto nas lidas domésticas quanto na lavoura, que ela ficou doente, paralítica e veio a falecer prematuramente (segundo o que eu achava), deixando-me sozinho no mundo.

Por volta de 5 horas da manhã, adormeci, vencido pelo cansaço e pela dor de cabeça causada pela embriaguez.

Sonhei que estava em um lugar muito escuro. Era, muito provavelmente, uma caverna. Ouvia gargalhadas de homens e mulheres, gemidos, rugidos de animais. Aquilo me assustava bastante. Chamavam-me para perto deles, mas eu não sabia onde estava nem quem me chamava. Além do mais, tudo aquilo me causava muito medo.

Acordei assustado, olhei rapidamente para o alto e para os lados. Percebi que estava sozinho no quarto, apesar de que a sensação de estar acompanhado por alguém muito "pesado" permanecia. Porém, achava que tudo aquilo não passava de um pesadelo causado pelo excesso de vinho ingerido e, no dia seguinte, pouca importância dei àquele fato.

Tratei de preparar-me para o trabalho à noite, que exigiria muita atenção e concentração de minha parte. Aquela noite seria o grande divisor de águas da minha vida e eu não poderia falhar em hipótese alguma. Aliás, nunca me permitia falhar e torturava-me psicologicamente de modo intenso quando percebia que isso acontecia.

À noite, por volta de 22 horas, já aguardava Samir e os homens que nos acompanhariam no local combinado. Sairíamos dali, a aproximadamente 13 quilômetros da propriedade. Era uma estrada de terra pouco acessada pelos habitantes da província, especialmente à noite. E, por isso, era o ponto ideal para o nosso encontro.

Olhava para o céu limpo, belo e estrelado. A lua cheia embelezava aquele cenário com um brilho divino. Aquilo fazia aproximar-me da minha essência. Pensei: "Após isso tudo, em casa, acompanhado por uma taça de vinho, escreverei para esta bela lua cheia".

Desde criança, gostava de escrever. Era (como eu mesmo me definia) um "inventor de histórias". Durante a infância e a adolescência, escrevi vários poemas e pequenas histórias que homenageavam minha mãe. Lia todos os versos e todas as histórias para ela, presenteando-a em seguida. Ela, sempre com um belo sorriso no rosto, beijava-me a testa, as faces, abraçava-me forte, agradecia-me e dizia que me amava muito.

Naquele momento, eu olhava para a lua, escreveria para ela. Pensei: "Se eu escrever algo para minha mãe e ler em voz alta, será que ela me ouvirá de onde está?".

Eu não sabia ao certo o que acontecia com as pessoas quando morrem, eu não sabia o que acontecera à minha mãe, onde ela estava. Aquilo, para mim, era uma grande tortura. E, no fundo, a não compreensão de todos aqueles meus questionamentos levavam-me ao caminho que eu iniciava naquela noite.

Samir e os homens chegaram por volta de 23 horas. Era uma noite fria, vestíamos ponchos. Aquecemo-nos bebendo vinho. E, por volta de 23h30, Samir ordenou que todos se posicionassem e montassem em seus cavalos para que iniciássemos a operação.

Tudo já estava milimetricamente calculado, e eu, até aquele momento, sentia-me muito seguro. Mas, no instante em que

Samir deu a ordem aos "soldados", titubeei. Pensei em voltar atrás, em parar com aquilo tudo. Pensei que minha mãe não gostaria de me ver agindo daquela forma. Sempre fora uma mulher honesta e pregadora do bom caráter. Naquele instante, questionei-me: "Se minha mãe pensava assim, por que eu estou caminhando na via contrária?".

Uma voz que não pude identificar, vindo de algum lugar, falou-me ao ouvido: "Porque você vai agora mostrar para a sua mãe que pode vingar todas as humilhações que ela passou!".

Aquilo me deixou confuso. Eu queria ou não prosseguir com aquele plano? Eu queria ou não adentrar aquela "estrada" sem volta?

Samir olhou-me e exclamou:

– Vamos, Ramón!

Respirei fundo. Pensei: "Pela senhora, mãe querida, vou 'pegar' o que também é nosso!".

Olhei para meu parceiro e disse:

– Vamos agora, Samir!

Cavalgamos até a propriedade do sr. Valdinez. Havia, além da entrada principal, uma outra, por onde adentraríamos a fazenda. E assim fizemos.

Em seguida, com o "mapa" da propriedade desenhado por mim em mãos, Samir orientou seus homens. Dividiu-os em quatro grupos de três. Um deles, o braço direito de Samir, chamado Pablo, ficou conosco. Seria o nosso "guardião", caso necessitássemos.

Pablo era um mestiço. Segundo Samir, era filho de um índio paraguaio com uma escrava fugitiva do Brasil. Não sorria, emitia poucas palavras e respondia, na maioria das vezes, agindo conforme era ordenado.

Havia naquela fazenda uma adega principal. Era um galpão enorme e, por isso, distribuímos três dos grupos para que atacassem lá. Calculava que na adega, aproximadamente, 350 garrafas de vinho estavam à nossa espera. Orientamos que um grupo entrasse pela porta principal, outro pela porta dos fundos e o terceiro, por uma das janelas.

Eu, obviamente, já havia deixado todas as "entradas" destrancadas para facilitar nosso trabalho, evitando maiores ruídos que pudessem chamar a atenção dos que dormiam, tanto empregados quanto o sr. Valdinez, sua esposa e filhas.

O quarto grupo tinha a missão mais delicada. Roubar os vinhos que ficavam na adega particular do sr. Valdinez, dentro da propriedade, em uma sala que ficava a poucos metros do quarto onde dormia com sua esposa. Naquele grupo pedi a Samir que colocasse seus melhores homens.

Na verdade, essa era a parte do plano que mais me preocupava.

Passava de 1 hora da manhã e eu, Samir e Pablo aguardávamos pelo retorno dos grupos. O primeiro grupo a retornar foi um dos que saqueou o "salão", para ser mais exato, o grupo que entrou pela janela.

Em seguida, praticamente juntos, vieram os outros dois grupos que haviam invadido a adega principal.

O grupo que invadira a casa de sr. Valdinez não voltava. Eu estava visivelmente nervoso, pois, se justamente aquele grupo fosse flagrado, de nada adiantaria termos o material trazido pelos outros grupos, pois ocorreria uma intensa batalha dentro daquela propriedade. Sr. Valdinez era muito bem armado e possuía alguns exímios atiradores entre seus empregados.

E, reconhecendo-me, ou eu fugiria dali e da província de Santa Fé, até mesmo da Argentina, ou seria morto ali mesmo, sem piedade.

Por volta de 2 horas da madrugada, o grupo finalmente retornou com quatro sacos cheios de garrafas de vinhos.

Contaram que tiveram de esconder-se dentro da casa, pois uma mulher ouviu ruídos e andou pela propriedade (era a esposa de sr. Valdinez). Por sorte, avisou-o que ouvia ruídos, mas ele, cansado, disse que ela estava ouvindo coisas e voltou a dormir. Porém, por cautela, aqueles homens ficaram escondidos por mais de uma hora, aguardando o momento certo para o "bote".

Imediatamente, saímos daquela propriedade. Dirigimo-nos a um galpão que, segundo Samir, era de alguém de sua confiança, onde não seríamos importunados e poderíamos guardar todo o material.

No caminho, pensei: "E se ele me roubar? E se estiver armando uma emboscada para mim?". Afinal, os homens à minha volta eram de sua confiança, eu estaria totalmente perdido se assim ele quisesse.

Sempre fui muito desconfiado. Exacerbava até, muitas vezes, nesse sentido.

Porém, tudo ocorreu normalmente. E, apesar da minha desconfiança, Samir via naquele tipo de negócio uma fonte de renda muito interessante e, por isso, fazia questão de cultivar a parceria. Afinal, eu, além de ser o estrategista, tinha nas mãos os contatos que transformariam aquele material em dinheiro, muito dinheiro!

Já no galpão, os homens contaram 420 garrafas de vinho. Eu e Samir, auxiliados por Pablo, separamos por marcas e safras. No dia seguinte, eu entregaria aos parceiros estrangeiros tudo aquilo.

Samir perguntou-me:

– Ramón, onde faremos a entrega?

– Em um galpão próximo ao porto, Samir. Combinei de entregarmos às 15 horas. Estarão lá nos aguardando.

– Então, iremos eu, você e Pablo. E recrutarei mais três homens de minha confiança para nos acompanharem e carregarem o material em uma charrete.

Achei perfeita a ideia do meu parceiro. Estava muito satisfeito com tudo.

Quando cheguei em casa, o dia já amanhecia, mas não via movimento algum ainda na fazenda. Por isso, era prudente que eu me recolhesse logo aos meus aposentos, antes que alguém me visse por ali naquela hora. E assim o fiz.

Em meu quarto, abri uma garrafa de vinho. Saboreei a primeira taça celebrando o sucesso da primeira operação e do meu novo empreendimento, aquele que me levaria à minha real posição na sociedade.

Eu sempre me sentira um nobre, apesar da infância pobre. Achava que minha mãe era uma rainha e eu um príncipe, ambos injustiçados.

Durante a adolescência, muitas vezes, sonhei que corria sobre um cavalo branco, em um campo aberto, vestindo uma túnica branca com uma cruz vermelha que a atravessava de cima abaixo e de ponta a ponta. Tinha um fino cavanhaque, cabelos longos negros, pele branca. Era, no sonho, um pouco diferente da minha real aparência. Eu tinha a pele mais queimada pelo sol, mais "grossa" do que aparecia no sonho, cabelos longos também, porém, castanhos, olhos negros grandes. Eu era, em realidade, uma figura mais "grotesca" e campeira do que naqueles sonhos, em que aparecia como um nobre cavaleiro.

Sonhava ou "revia-me" como um nobre cavaleiro de traços refinados, cavalgando por belos campos jamais vistos por mim mas, na realidade, era um cavaleiro camponês, de traços grotescos, criado nas lidas da zona rural, acostumado a cavalgar por campos e estradas instáveis.

Após algumas taças de vinho, comecei a rabiscar alguns versos.

Não demorou muito para que eu ouvisse gritos lá fora. Um dos empregados da fazenda gritava, desesperadamente, dizendo que a propriedade havia sido roubada.

Pude ouvir as filhas de sr. Valdinez chorando, sua esposa berrando. Ele gritava:

– Como pode isso? Entraram sem ser percebidos! O que aconteceu?

Aquilo tudo me satisfazia muito. Pensei: "Vinguei sua memória, mamãe!".

Continuei, com uma taça de vinho ao lado, rabiscando alguns versos.

Alguém bateu à porta da minha casa com força. Era um dos empregados de sr. Valdinez, que gritava:

– Ramón, acorde! Fomos roubados!

Levantei-me, abri a porta, e perguntei:

– O que houve, meu rapaz?

– Ramón, você viu algum movimento, algum ruído esta noite aqui na fazenda?

– Não, de modo algum! Dormi cedo, não vi nem ouvi nada!

– Tem certeza? O sr. Valdinez está desesperado... Roubaram todos os vinhos. Tanto os da adega do comércio quanto os da adega particular dele!

Cinicamente, levei a mão à boca, simulei um ar de espanto e falei:

– Não posso crer nisso! Vou falar com o sr. Valdinez. Precisamos fazer algo!

Fui ao meu quarto, vesti-me e fui até a casa principal. Lá chegando, dirigi-me ao sr. Valdinez, peguei em suas mãos, apertando-as, olhei firme em seus olhos e falei:

– Sr. Valdinez, conte comigo! Vamos caçar esses criminosos! Eu faço questão de ir atrás deles! Vamos todos juntos!

– Obrigado, Ramón! Precisamos mesmo encontrar esses bandidos!

Abaixou a cabeça, começou a chorar e falou:

— Estou falido! Todas as garrafas de vinho da adega principal tinham destino certo. Como farei agora?

Sua esposa abraçou-o chorando e dizendo:

— Não fique assim, homem! Trabalharemos o quanto for necessário a fim de recuperar esse prejuízo.

Ele olhou para ela e falou:

— Pouco adiantará, mulher! O prejuízo causado por esse roubo não permite que continuemos.

Ficaram ali, lamentando a perda irreparável e, muito provavelmente, irreversível.

Saí daquele ambiente satisfeito, dirigindo-me à minha casa.

Do lado etérico, assistindo a tudo aquilo, meu Mestre observava todos os meus passos. Em dado momento, pensou: "Ainda há tempo de você reparar o que foi feito, meu menino! Traga tudo o que tirou daqui de volta. Recue, venha trilhar o caminho que Deus reservou para você. Aceite a condição que lhe foi dada nesta vida. Você precisa compreender os desígnios divinos a partir de si próprio. Deus plantou você como vida no Universo e, a partir de um certo momento, você começou a caminhar sozinho. E foi nesta caminhada, já por sua conta e risco, que se negativou e chegou à condição em que se encontra agora. Porém, sempre é tempo de parar, rever-se e recuar. Faça isso, repense-se como ser, recue e volte a caminhar na linha reta da evolução. Você já esteve trilhando esse caminho um dia!".

Minha conexão com meu Mestre era por demais fraca, por causa da minha negativação, obviamente, àquela época. Porém, naquele momento, parei, olhei para a casa do sr. Valdinez e pensei: "Por que fiz isso tudo? O que ganharei com isso? Minha mãe não está orgulhosa de mim, tenho certeza!".

Naquele momento, do lado etérico, sem que eu percebesse, um homem em forma de rato começou a correr à minha volta.

Ele pensava: "Ora, seu bobalhão, deixe de ser sentimentalista! Você está cuidando do seu futuro! Este homem já tem muito dinheiro! Não se comova com as lágrimas dele, afinal, ele não se comoveu com as suas quando sua mãe morreu!".

Mesmo sem saber quem me influenciava mentalmente naquele momento, refleti. "Pensando bem, não vejo motivo para arrependimentos ou sentimentos de piedade por esta gente! Sempre me trataram como um empregadinho! E nunca deixarei de ser isto para eles: o filho da empregada!"

Voltei a caminhar a passos largos rumo a minha casa.

Pai Cipriano, a distância, pitou seu cachimbo, olhando-me e pensou: "Assim, rapidamente você terá uma 'surpresa' nada agradável. Estou tentando desviá-lo disso, mas você ouve-me cada vez menos. Já houve um tempo em que até podia ver-me. Mas, agora, infelizmente, só eu posso vê-lo e, justamente, em uma condição e forma que nunca imaginei para você!".

De volta ao meu quarto, voltei a saborear aquele vinho, que considerava o "vinho da vitória".

Rabiscava alguns versos. Não gostava de alguns, riscava-os, pegava outra folha de papel, tentava novos versos. A embriaguez atrapalhava-me um pouco, mas, mesmo assim, eu insistia.

Até que, após muita insistência, consegui escrever o seguinte poema:

"Lua de prata, que mexe com o mar
Dá brilho às noites dos que querem amar
Ó, Lua Divina, que me faz chorar
Mostra-me o caminho, faz-me guiar
Se na próxima noite, puder te alcançar
À minha amada, irei presentear
E, só então, com os corpos colados
Sob a tua beleza, cavalgaremos ao luar."

Aqueles versos faziam-me extremamente feliz. Como se fossem eles o grande prêmio pela nova fase da minha vida. Representavam o "divisor de águas" que separava o jovem de origem pobre daquele que seria o cavaleiro e comerciante mais próspero e respeitado daquela região.

Adormeci, sonhei que cavalgava em um campo aberto, exatamente da forma que sonhava na adolescência. Porém, naquele sonho, eu era perseguido por um exército inteiro. Corria sobre o cavalo, desesperado. Não queria ser pego.

Acordei apavorado, com o coração acelerado. Perguntei-me: "Por que isso agora?". E, obviamente, não obtive resposta alguma.

Pai Cipriano do Cruzeiro das Almas estava parado ao meu lado, observando-me, pitando seu cachimbo. Nada falou, apenas me olhava com um semblante sério.

Acordei por volta de meio-dia. Encontraria Samir, Pablo e os outros homens no galpão para levarmos o produto do roubo para os parceiros estrangeiros. Em breve, os vinhos das adegas do sr. Valdinez seriam vendidos no Brasil, no Uruguai e no Chile.

Montei em meu cavalo e fui até o galpão. Lá chegando, ainda aguardei por alguns minutos até que Samir e os outros homens aparecessem.

Assim que chegaram, abrimos o galpão, preparamos a charrete com o material. Algumas garrafas seriam levadas em sacos amarrados às selas dos cavalos, porém, a maioria foi alocada na charrete.

Aprontamos tudo e saímos em direção ao galpão, local combinado próximo ao porto de Villa del Rosário.

Galopava em meu cavalo. Estava sorridente. De peito estufado, olhava para Samir e os outros homens com superioridade, afinal, eu era o grande mentor daquele plano "genial", era o grande comandante, aquele que, em breve, seria o dono daquela província.

E tudo aquilo alimentava o meu ego de uma forma que, aparentemente, fortalecia-me, mas mal percebia, do alto da minha vaidade e da minha ignorância, que aquilo tudo estava me corroendo por dentro e encaminhando-me para um destino nada agradável. E que estava bem mais próximo do que eu podia imaginar, bem debaixo do meu nariz...

Capítulo 3

Novos Ventos Sopram

Chegamos ao porto de Villa del Rosário alguns minutos antes do horário combinado. Os homens já nos aguardavam, ansiosos. Podia notar a satisfação em seus olhares. Tinham um grande interesse naquele material, mas, fundamentalmente, queriam criar uma rota de contrabando e, pelo que percebia, era uma rota muito desejada.

Pensei que deveria valorizar mais meu trabalho, mas algo me dizia para firmarmos a parceria e, no momento propício, eu daria o bote.

Entregamos a mercadoria e, a partir daquele instante, eu, o comandante e cérebro pensante da operação, tomei a frente. Fomos até o fundo daquele galpão, conversamos um pouco, trocamos elogios, pagaram-me. Em seguida, chamei Samir, repassando-lhe o valor que deveria distribuir entre os "soldados" e sua parte no negócio. O meu parceiro saiu dali muito sorridente, parecia nunca ter visto uma quantia tão grande.

Eu, na verdade, também não, mas meu orgulho e minha vaidade não me permitiam demonstrar.

Fomos embora. Samir e os homens pegaram uma estrada diferente da minha. Eu cavalgava vagarosamente, olhava a mata, sentia o vento tocar-me a pele, pensava em tudo o que estava, finalmente, acontecendo-me de "bom" na vida.

Em determinado ponto daquela trilha, vi um homem parado bem no meio da estrada, como se estivesse me aguardando. Era um homem velho, muito magro, aproximadamente 1,70 metro de altura, usava uma batina preta enorme, um chapéu preto grande, tinha barba branca e longos cabelos brancos. Sorria para mim com ar irônico. Carregava à mão direita um cajado um pouco mais alto do que ele.

Estranhei, pois já havia passado muitas vezes por ali e nunca tinha visto aquela "figura" nos arredores.

Quando me aproximei, ele pegou o cajado com as duas mãos, colocou-o horizontalmente à frente do peito, fez sinal com o olhar para que eu parasse. Confesso que fiquei com medo.

Perguntei:

– Quem é você, velho homem?

Ele emitiu uma sonora gargalhada e falou:

– Não sabes quem sou, jovem feiticeiro? Há tanto tempo que nos cruzamos pelas estradas deste mundo e não lembras de mim! Isso é imperdoável!

– Não sei do que está falando, velho homem! Ademais, não sou nem nunca fui feiticeiro!

– Realmente, jovem, tua memória anda muito fraca, pelo que vejo! Mas, quem sabe, tu possas agora recordar-te um pouco das tuas peripécias, não é mesmo?

Com a mão esquerda, aquele velho feiticeiro girou seu cajado no ar provocando uma ventania. Comecei a me sentir no interior de um redemoinho. Meu cavalo, estranhamente, mantinha-se imóvel, mas eu, sentindo estar preso naquela "roda de vento", comecei a ficar tonto. Temi adormecer ali, receei cair do cavalo. Mal pensei naquilo e tudo escureceu à minha frente.

Rapidamente, vi-me novamente como nos sonhos da adolescência. Um nobre e refinado cavaleiro em um campo de batalhas, comandava um exército, vestia uma túnica branca com uma cruz vermelha atravessando toda a sua extensão.

Em seguida, vi-me ainda naquela vida, à beira de um rio, chorando muito.

Vi-me também em uma situação de confronto com outro homem. Algo me dizia que era em um país do Oriente. Brigávamos muito.

Vi situações de várias encarnações em que eu manipulava objetos mágicos e elementos da natureza.

Algo se revelava para mim naquele momento. Naquela encarnação, eu nunca havia lidado ou pensado em lidar com magia ou qualquer coisa do gênero.

Após ver em poucos segundos todas aquelas cenas, vi-me em uma caverna muito escura. Ao meu lado, aquele velho feiticeiro apontava para o "vazio" e dizia-me, mentalmente: "Eis tua próxima morada, caro feiticeiro!".

Repetiu a frase três vezes.

Tudo clareou novamente à minha frente, o redemoinho cessou e o velho feiticeiro desapareceu.

Achei tudo aquilo muito estranho. Pensei que podia estar alucinado, nervoso por causa de toda a operação recém-feita. Acelerei o galope e me dirigi rapidamente para casa, não queria pensar no que havia acabado de acontecer.

E, todos os fatos extrafísicos, eu tratava desta forma: ignorando-os. Na verdade, fugia da minha essência, não queria relembrá-la, não queria "conhecê-la". Era mais fácil, para mim, naquele momento da minha vida, direcionar todas as minhas energias para as conquistas materiais.

Um jovem inconsequente, perdido, que pouco conhecia a si próprio e não fazia questão de avançar muito nesse sentido da sua vida.

Dentro daquela mata, o velho feiticeiro que aparecera para mim encontrou Pai Cipriano do Cruzeiro das Almas.

O Preto-Velho Mago falou:

– Percebo que esse "alerta" enviado por você mexeu com ele, senhor Hijon!

– Há algumas fórmulas, Senhor Pai Cipriano do Cruzeiro das Almas, que para um velho e milenar feiticeiro como eu são sempre muito funcionais. Além do mais, uma figura como a minha está muito mais próximo da vibração em que ele se encontra do que da sua, concorda?

– Concordo plenamente. E foi por isso que pedi sua ajuda, velho feiticeiro!

O Senhor Hijon gargalhou fortemente, demonstrando um imenso prazer naquilo tudo. Pai Cipriano do Cruzeiro das Almas pitou seu cachimbo, olhou para ele e falou:

– Ainda precisarei dos seus préstimos, Feiticeiro Hijon! Espero poder contar com a sua colaboração!

– O senhor tem minha amizade e meu respeito, Mestre Mago da Luz, pode chamar-me sempre que for preciso.

Pai Cipriano sorriu, volitando dali para outro ponto natural de forças. Parou em frente a uma cachoeira. Olhava, à beira do rio, o movimento das águas que desciam corredeira abaixo e que por ali se distribuíam em uma dança mágica e divina.

Pensava em algo que pudesse paralisar meu negativismo. Sabia que não tinha autonomia para tomar alguma decisão e, muito menos ainda, para agir por conta própria. Respondia a um mistério ao qual devia explicações e, além disso, trabalhava sob a irradiação e as orientações do Divino Trono da Evolução.

Porém, naquela cachoeira, queria se reenergizar. A vibração essencial mineral emitida naquele lugar poderia dar-lhe, além de forças e reenergizá-lo, clareza e discernimento para os próximos passos.

Aproximou-se de uma pedra à beira do rio. Tocou nela com a mão direita. Raios multicoloridos saíam da pedra e penetravam em seu corpo espiritual. Quem presenciasse aquela cena veria ali um ser espiritual recebendo um "arco-íris" de energias benéficas e positivas.

Após aquele "banho energético", ajoelhou-se e passou a orar mentalmente: "Sagrada Mãe Oxum, Divino Trono do Amor, peço que me mantenha sempre banhado por suas vibrações agregadoras, conceptivas e energizadoras para que, na condução da jornada de seu filho, eu possa transmitir a ele todas as suas qualidades divinas. E que ele resgate essa essência que, pela Senhora que é puro Amor, foi transmitida a ele, ancestralmente. Que ele se positive ainda nesta encarnação, se possível. Mas, se ainda assim, encarnado, ele não conseguir captá-las, então, que, onde quer que ele esteja após esta etapa, continue recebendo suas irradiações vivas e divinas. Amém".

Após aquela oração, Pai Cipriano do Cruzeiro das Almas sentiu-se renovado, reenergizado e saiu dali com a certeza de que conseguiria, de alguma forma, perante Deus e seus Divinos Tronos, uma solução para paralisar a negativação de seu tutelado, que já se desenrolava há algumas encarnações.

À meia-noite em ponto, Pai Cipriano do Cruzeiro das Almas encontrava-se no ponto de forças do Mistério,* no campo-santo.

Alguns Guardiões, que por ali cuidavam daquele local, sérios e atentos a tudo à sua volta, mantinham um clima de tranquilidade.

Meu Mestre parou em frente a outro Preto-Velho, semelhante a ele em todos os sentidos. Tinha barba e cabelos brancos, chapéu de palha grande à cabeça, fumava um cachimbo curvo.

Ele se ajoelhou, saudando-o:

– Saravá, Pai Cipriano do Cruzeiro das Almas!

---

* O Mistério Pai Cipriano do Cruzeiro das Almas reúne, em suas fileiras, espíritos de magos que atuam usando este nome simbólico, sob a irradiação de Obaluayê.

– Saravá, Mago Rhady!

Naquele instante, meu Mestre foi tomando outra forma. Estava com uma aparência mais jovem, com uma fina barba negra. Usava um lenço violeta à cabeça com uma fita branca trespassando sua circunferência e tendo ao centro uma estrela de seis pontas vermelha. À frente de sua camisa, uma cruz violeta. Às costas, um sol amarelo-ouro com oito raios.

Meu Mestre disse:

– Senhor Pai Cipriano do Cruzeiro das Almas, já fui informado do movimento religioso que se iniciará em breve no Brasil. Sei do compromisso que vosso mistério assumiu com esse movimento e também sei que meu tutelado e protegido de vosso mistério terá uma função dentro dessa religião.

Pai Cipriano do Cruzeiro das Almas falou:

– Caro Mago, temos de cuidar muito bem deste nosso menino, a partir de agora. Especialmente porque, quanto maior for a sua negativação, mais tardará para ele reencarnar no Brasil. E isso acaba afetando o trabalho de nossa falange, pois temos uma meta a cumprir dentro desta religião e não devemos permitir que os casos dos espíritos que cuidamos, que não são, sem nenhuma excessão, casos fáceis, demorem muito para acontecer. Isso prejudicará o trabalho do Mistério e o trabalho da própria religião vindoura.

– Compreendo, meu senhor! Afirmo-lhe que estou fazendo tudo para que ele se recupere, nem que tenha de haver um corte radical agora!

O chefe daquela falange sorriu, olhou para ele e falou:

– Meu caro Mago, sabemos disso! Acompanhamos todos os seus passos e os dele também. Mas, saiba, o Divino Trono da Evolução, comandado pelo nosso Amado Pai Obaluayê, quer ver este seu filho, assim como todos os outros, recuperado e prestando serviços ao Pai. Essa é a única condição e a única meta de nosso Senhor Maior, Mago Rhady!

– Compreendo, meu senhor, e sei da responsabilidade que carrego. Estou à disposição para auxiliar na execução, seja qual for, da sentença que for dada a ele. Entendo, meu senhor, que qualquer coisa que paralise a sua negativação lhe será benéfica.
– Muito bem, caro Mago! Isso só demonstra que o senhor está afinado com o Mistério e, principalmente, com as irradiações evolutivas de nosso Amado Pai Obaluayê.

Meu Mestre sorriu para o senhor daquela falange, que prosseguiu:
– Porém, caro Mago, é necessário que saiba de algumas coisas.

O Preto-Velho pitou seu cachimbo, olhou para meu Mestre e falou:
– Nosso protegido está trilhando um caminho muito "esburacado". Em breve se meterá em novas confusões, semelhantes à que protagonizou recentemente. Não bastando isso, caro Mago, sua essência "feiticeira" virá à tona, incentivada por outra pessoa, a qual o senhor sabe quem é e conhece muito bem – meu Mestre sacudiu a cabeça afirmativamente. O Preto-Velho prosseguiu: – E que, novamente, entrará na vida dele e ele na dela, ambos tumultuando as caminhadas um do outro. Ainda não conseguiram, Mestre Rhady, aprender com o passado, não cometendo erros similares. Portanto, fique muito atento a partir de agora, pois será necessário.

Meu Mestre disse:
– Tenho plena consciência de tudo o que falou, meu senhor! Tanto que já comecei a tomar providências nesse sentido.
– Cipriano tem percebido que Mago Rhady tem uma sensibilidade muito aguçada e que sempre corre na frente dos fatos. Isto é muito bom e nos ajudará bastante, caro Mestre!

Meu Mestre sorriu e falou:

– Estou sempre à disposição para servir ao Pai Maior e Divino Criador, ao nosso Amado Pai Obaluayê, a todos os Divinos Tronos, ao nosso Mistério e a todos aqueles que querem servir a Deus! E, quanto ao nosso menino, Pai Cipriano do Cruzeiro das Almas, afirmo-lhe que pode até demorar mais tempo do que o planejado, mas sei que estará ao nosso lado, em breve, servindo à luz. Conheço-o bem e, por isso, afirmo.

Pai Cipriano do Cruzeiro das Almas falou:

– Assim será, caro Mago!

Meu Mestre retirou-se daquele campo-santo.

Naquela noite, feliz pelo sucesso na primeira "empreitada", fui à taberna do sr. Hugo. Queria comer um churrasco especial, que só aquele estabelecimento possuía nos arredores, mas queria, principalmente, ver a garçonete Tânia.

Cheguei lá, acomodei-me, sorri para ela que veio logo me atender. Sr. Hugo, desconfiado e com semblante sério, ficou olhando para ela, para mim, observando todos os movimentos.

Pensei: "Por que este homem cuida tanto dela? O que há?".

Ela se aproximou de minha mesa e falou:

– Boa-noite, sr. Carreras. Qual será o seu pedido hoje?

– Boa-noite, Tânia. Primeiramente, me chame somente de Ramón...

Ela sorriu, desajeitada. Prossegui:

– Quero aquele vinho branco que você sabe que gosto. Para comer, veja-me um bom pedaço de alcatra, malpassado, e traga-me pão também.

– Em poucos minutos lhe servirei, sr. Ramón!

Ela se dirigiu ao balcão com o pedido anotado. Fiquei observando-a caminhar. Seu corpo magro, porém curvo, fascinava-me. Desejava aquela mulher e estava decidido a possuí-la a qualquer preço.

E, quando Ramón Carreras decidia algo, especialmente no que se referia a mulheres, nada o impedia, nem mesmo um patrão "ciumento".

Capítulo 4

Aprendiz de Feiticeiro!

Bebi algumas taças de vinho, encorajando-me a chamá-la. E assim o fiz.

– Tânia, venha cá! – falei com autoridade.

Ela se dirigiu à mesa onde eu estava, sorrindo. Perguntou:

– Em que posso servi-lo, senhor Ramón?

Olhei para a taça de vinho, em seguida para ela, fixando meus olhos nos dela, e falei:

– Apenas Ramón, Tânia!

Ela sorriu para mim. Prossegui:

– Quero que se sente à mesa comigo.

Desajeitada, olhou para os lados e falou:

– Eu não posso, senhor Ramón! Uma garçonete não pode se sentar à mesa com um cliente!

Olhei novamente em seus olhos e, de modo firme, insisti:

– Apenas Ramón, já lhe disse!

– Ramón, eu não posso fazer isso!

– Está bem!

Olhei para o balcão, levantei a mão direita e falei em tom alto:

– Senhor Hugo, por favor!

Imediatamente, o dono do estabelecimento foi até a mesa, sorrindo e perguntou:

– Em que posso servi-lo, senhor Carreras?

– Chame-me de Ramón, apenas, senhor Hugo! Gostaria que sua garçonete se sentasse à mesa comigo e me acompanhasse em uma taça de vinho.

Ele interrompeu:

– Senhor Ramón, entenda, eu não posso permitir isso. Se eu abrir esse precedente para o senhor, todos os clientes irão querer o mesmo – e o senhor sabe como funciona isto, não é? Além do mais, este é um estabelecimento familiar, não deve ser confundido...

Interrompi-o:

– Nem eu imaginei isso, senhor Hugo! Quero conversar com sua garçonete dentro da cordialidade e do respeito, nada além disso. Se eu quisesse o que o senhor está insinuando, sabemos bem onde eu procuraria, não é mesmo?

Tânia estava de cabeça baixa, envergonhada. Percebendo sua situação, falei:

– Ademais, senhor Hugo, preciso que saiba que a estou convidando. Em momento algum, sua funcionária, que tem uma conduta exemplar, insinuou algo nesse sentido para mim. A responsabilidade é toda minha!

– Entendo, senhor Carreras... – falou desajeitado o dono da taberna –, mas, realmente, não tenho como fazer isso.

Olhando para a taça de vinho, falei:

– Compreendo sua posição e sua situação, senhor Hugo. Porém, quando quero algo, seja o que for, eu quero e realizo! Então, fale a todos os seus clientes aqui presentes que o senhor fechará o estabelecimento agora. Compro todas as bebidas que o senhor tem em estoque neste momento.

Puxei um naco de dinheiro, colocando-o sobre a mesa. O homem, de olhos arregalados, falou-me:

– Está bem, vou ver o que posso fazer, senhor Carreras!

Foi em todas as mesas, conversou com os clientes, que foram se retirando do estabelecimento aos poucos. Tânia, em pé, à minha frente, de cabeça baixa, nada falava.

Eu disse:

– Sente-se, Tânia!

– Não posso, senhor Ramón, mesmo assim, deverei apenas servi-lo!

– Eu não estou fechando o estabelecimento para que me sirva.

Àquela altura, encontravam-se na taberna apenas eu, sr. Hugo e Tânia. Olhei para o dono do estabelecimento e disse:

– Pago-lhe o prometido e as primeiras cinco garrafas de vinho que deveria vender amanhã, mas, para isso, Tânia sentará à mesa comigo e o senhor nos servirá.

– Perfeitamente, senhor Carreras!

– Apenas Ramón, senhor Hugo, apenas Ramón!

Olhei para Tânia e falei:

– Sente-se, agora!

Desajeitada, quis tirar o avental antes de sentar-se. Falei:

– Não, fique como está, gosto de você assim!

Ela sentou-se, conversamos por aproximadamente duas horas, enquanto o sr. Hugo servia-nos. Pude saber sobre sua vida, onde morava, o que fazia além do trabalho. Era natural de Córdoba, mas vivia em Villa del Rosário há alguns anos. Fui fascinando-me por aquela mulher a cada palavra sua, a cada gesto, a cada movimento, a cada olhar.

Ao final da noite, paguei o prometido ao sr. Hugo e ofereci-me para levá-la em casa. Ela titubeou, quis rejeitar. Insisti:

– Ramón Carreras, em hipótese alguma deixaria uma dama como você andar sozinha pela madrugada. Eu faço questão de levá-la!

Percebi que sr. Hugo olhava-nos o tempo todo, com ar ciumento.

Ela montou em meu cavalo, levei-a em casa. Despedi-me dela beijando sua mão e falei:

– Em breve nos veremos novamente, formosa Tânia! Sua companhia é por demais agradável é já se faz mais do que necessária para mim.

Ela sorriu, abaixou a cabeça, agradeceu-me pela companhia e entrou em casa.

Voltei para casa extasiado àquela noite. Embriagado, joguei-me na cama com a roupa que usava e botas.

No dia seguinte, ao me acordar, soube que sr. Valdinez estava preparando uma busca pela região para pegar os bandidos que haviam roubado suas adegas e tentar recuperar suas garrafas de vinho. Pensei: "Mal sabe este senhor que suas garrafas já estão fora do país. Ademais, meu plano foi perfeito, ele nunca descobrirá quem levou tudo que aqui estava".

Nos dias seguintes, passei a me dedicar à escrita. Era uma atividade que me aliviava. À noite, invariavelmente, ia à taberna do sr. Hugo beber e ver Tânia.

Ela, receosa, passou a me evitar. Sr. Hugo, sempre de olho na situação, demonstrava não estar gostando. Em dado momento, percebi que ele a chamou próximo ao balcão e repreendeu-a.

Sem jeito, ela sacudia a cabeça afirmativamente. Vi que ele me olhou e intuí que estava falando sobre mim para ela.

Imediatamente, levantei-me, fui até o balcão e disse:

– Senhor Hugo, diga o que quer a mim. Não importune sua funcionária. Eu gosto dela, pedi que se sentasse à mesa comigo na outra noite e o senhor concordou, é claro, em razão da boa quantia que lhe paguei! Pois agora lhe digo: contrate outra garçonete, pois o que o senhor paga aqui para ela passarei a pagar, para que ela não precise mais passar por isso.

Tânia levantou a cabeça, olhando-me com ar de reprovação, olhou para o senhor Hugo e falou:

– Chega, eu não preciso passar por isso! Eu, senhor Hugo, nunca fiz nada que não fosse servir qualquer cliente – olhou para mim e prosseguiu: – E o senhor Carreras, deixe-me em paz!

Jogou o avental em cima do balcão e foi embora, como se fosse um furacão.

Saí correndo da taberna, montei em meu cavalo, consegui alcançá-la. Gritei:

– Tânia, espere, não me interprete mal! Apenas não gostei de ver a forma como o senhor Hugo falava com você.

Ela me olhou firme, prosseguiu andando e falou:

– Pois, senhor Carreras, se o senhor não fosse tão inoportuno, eu não teria passado por essa situação!

– Perdoe-me, Tânia. O que posso fazer para me redimir? Deixe-me corrigir meu erro...

– Corrija, senhor Carreras, sumindo da minha vida! E pode continuar frequentando aquele estabelecimento, pois eu não trabalharei mais lá.

– Não faça isso, Tânia! Não quero que perca seu trabalho por minha causa. Eu vou falar com o senhor Hugo, explicarei a ele que tudo é culpa minha. Não a importunarei mais.

Desci do cavalo, continuei conduzindo-o com a mão direita, parei na frente dela, olhei em seus olhos e falei:

– Estou fascinado por você, Tânia! Entenda, se fiz algo errado, foi porque você simplesmente me deixa sem saber o que fazer...

Ela me olhava nos olhos como quem pesquisava minha alma, como se tentasse reconhecer em mim algo que lhe era familiar.

Falou-me:

– Ramón, o que você quer de mim?

– Conhecê-la melhor, apenas! Podemos ser bons amigos. Posso ajudá-la no que for preciso.
– Quem falou a você que preciso de ajuda?
– Perdão, não me interprete mal. Apenas quis...
– Preciso ir para casa agora. Ramón, deixe-me em paz!

Achei melhor deixar que seguisse e assim o fiz. Afinal, sabia onde morava. E aquela mulher não escaparia de Ramón Carreras.

Fui para casa triste naquela noite. Em hipótese alguma desejei ou imaginei que pudesse causar aquilo tudo. Eu queria apenas me aproximar daquela mulher; queria-a para mim.

Assim que cheguei em casa, dormi rapidamente.

Do lado de fora de minha casa, Pai Cipriano do Cruzeiro das Almas e o Feiticeiro Hijon conversavam:

– Perceba o que vem por aí, Mestre Mago da Luz! – falou, emitindo um ar de preocupação, aquele velho feiticeiro.

– Repete-se o que já vem se desenrolando há muito tempo, Feiticeiro Hijon. Meu menino e esta mulher têm se encontrado em várias encarnações. Porém, nas últimas, seus encontros têm sido tumultuados e isso tem atrapalhado a caminhada de ambos.

O velho feiticeiro sacudiu a cabeça lentamente, como que pensando em uma forma de "atrapalhar" aquele encontro recente.

Como que lendo seus pensamentos, Pai Cipriano do Cruzeiro das Almas falou:

– Entendo e agradeço por sua preocupação e vontade em auxiliar meu menino na sua recuperação, Feiticeiro Hijon, mas a determinação do Alto, neste momento, é que apenas cuidemos dele, dando-lhe a proteção dentro dos ditames da Lei Maior e da Justiça Divina. Sei que me entende!

– Entendo sim, Mestre Mago da Luz! Porém, vejo que ele, do jeito que está caminhando a passos largos para a negatividade, pouco fará para se positivar nem nos permitirá que o protejamos como queremos e como deve ser.

– Sei disso perfeitamente, senhor feiticeiro, mas é a determinação da Lei Maior e da Justiça Divina e devemos respeitá-la.

– Perfeitamente, Mestre Mago da Luz!

– Porém, conto com o seu apoio, a partir de agora, na guarda dele. Se precisar, dentro dos ditames da Lei Maior e da Justiça Divina, ser rigoroso com ele, seja!

– Assim farei, Pai Cipriano do Cruzeiro das Almas!

Pai Cipriano desapareceu daquele local, ficando ali somente o Feiticeiro Hijon, à porta da minha casa.

Alguns dias se passaram e eu não parava de pensar naquela garçonete.

Fui procurado por Samir. Ele tinha uma ação para executar e gostaria de contar com minha ajuda. Reunimo-nos no galpão onde havíamos guardado as garrafas de vinho, quando da ação na fazenda do sr. Valdinez. Ele falou:

– Ramón, há um carregamento de tecidos valiosíssimos chegando à Villa del Rosário em seis semanas. Você acha que essa mercadoria pode interessar aos seus parceiros estrangeiros?

– Creio que sim, Samir! Porém, preciso falar com eles. Há um emissário deles em Buenos Aires. Ele é nosso canal de comunicação. Entrarei em contato com ele e volto a falar com você.

– Perfeitamente, Ramón! Só não se esqueça de que temos pouco tempo.

– Sei disso. Conversarei com o emissário e comunicarei você em breve.

Fui embora daquele galpão entusiasmado. Se os estrangeiros se interessassem por aquela mercadoria, já teríamos, em pouco tempo, um novo "trabalho" e uma boa quantia financeira arrecadada.

Aquilo tudo me fazia sonhar alto. Já me via como um grande fazendeiro. E era tudo o que eu mais desejava. Lamentava, apenas, que tudo ocorresse tão "tardiamente" com minha mãe já falecida. Gostaria muito de dar vida boa e conforto a ela.

Fui a Buenos Aires, conversei com o emissário, tendo já em poucas horas a resposta afirmativa.

Voltei empolgado para casa.

Villa del Rosário, àquela altura, era um povoado de aproximadamente mil habitantes. Ainda não havia recebido a alcunha de cidade. Porém, mesmo sendo um "lugarejo", ainda era um ponto para bons negócios na Argentina.

No porto da "Ilustre y fiel Villa del Rosario", muitos negócios aconteciam, sendo alguns escusos.

Parei em frente à Catedral. Fiquei olhando aquele cenário, a bandeira nacional. Pensava o que faria dali para a frente. Pensei em Tânia. Precisava procurá-la, queria muito vê-la. Não tinha ido mais à taberna do sr. Hugo. Não estava seguro se seria bom eu procurá-la novamente lá, afinal, talvez ela nem tivesse voltado a trabalhar.

Pensei em ir até sua casa. Receei ser mal recebido. Precisava encontrar uma forma de ficar frente a frente com ela e dizer o quanto eu estava apaixonado.

Naquela noite dormi pensando nela. Sonhei com o velho feiticeiro Hijon. Ele me falava:

– Preste atenção em tudo o que está fazendo. O caminho que está trilhando não tem retorno. Repense-se agora e recue enquanto ainda há tempo.

Ele estava, no sonho, à beira da minha cama. Eu, sentado, olhava para ele sem entender exatamente sobre o que falava.

Acordei, pela manhã, pensando muito naquele sonho que não me saía da cabeça.

Os sonhos que tinha eram, talvez, o que mais me incomodava, pois não conseguia interpretá-los e também não fazia esforço algum nesse sentido.

Durante aquele dia, decidi que procuraria Tânia. Falaria com ela, naquela noite, a qualquer custo.

Fiquei a alguns metros da taberna do sr. Hugo. Amarrei meu cavalo em uma árvore e observava os movimentos que lá dentro ocorriam. Pude perceber que ela estava lá, trabalhando. Decidi esperá-la.

Estava determinado a falar com ela e nada me impediria.

Próximo à meia-noite, percebi que sr. Hugo fechava o estabelecimento. Ela saiu. Esperei o dono da taberna retornar ao interior do local, montei em meu cavalo e fui a galope atrás dela. Rapidamente, alcancei-a.

Ela me olhou assustada e surpresa. Perguntou:

– O que você faz aqui? Preciso dizer mais uma vez que não quero falar com você?

– Permita-me, Tânia, por alguns minutos apenas falar com você? Preciso explicar-me. O que houve da última vez foi um mal-entendido. Apressei-me, sei disso, e peço-lhe desculpas. Por favor, vamos conversar!

Ela parou. Parei, desci do cavalo, segurando-o com a mão direita. Ela colocou as mãos à cintura, olhou-me e disse:

– Então, fale!

– Não tenho feito outra coisa que não seja pensar em você, Tânia! Estou perdidamente apaixonado.

Ela me interrompeu:

– Mas nem nos conhecemos direito!

– Isto é o que menos importa, agora! Preciso de você, quero você. E posso fazer de você uma mulher plenamente realizada, sei disso!

Percebi que ela titubeou, ficou sem jeito, não sabia o que fazer ou dizer. Seu olhar a condenava. Era o momento que eu esperava. Aproximei-me dela, olhando firme em seus olhos. Ela tremia. Peguei em sua mão e disse:

– Nosso encontro é um arranjo especial, tenha certeza!

Ela respirou fundo. Beijei-a. Ela se entregou rapidamente, beijando-me com volúpia.

Naquela noite, conversamos muito debaixo de uma árvore. Descobrimos que tínhamos muitas coisas em comum.

Os dias foram passando, encontrava-a sempre ao final de seu expediente noturno na taberna do sr. Hugo. Passeávamos, namorávamos e, sempre, conversávamos muito.

Em uma noite de domingo, a seu convite, fui jantar na casa dela. Era sua noite de folga na taberna. Foi uma noite especial. Comemos, bebemos algumas taças de um bom vinho e amamo-nos intensamente.

Passamos a nos encontrar, praticamente, todos os dias. Estávamos envolvidos e cada vez mais comprometidos um com o outro.

Certo dia, convidou-me para passear com ela em uma mata na saída de Villa del Rosário.

Levou algumas frutas, vinhos. Eu pensava que seria um dia especial, em que comeríamos, beberíamos e nos amaríamos em meio à natureza.

Mas, mal sabia que aquele seria um dia que mudaria radicalmente a minha vida.

Do lado etérico, o feiticeiro Hijon observava todos os nossos movimentos. Segurava seu cajado na mão esquerda e, na velocidade de um raio, chegou à nossa frente no ponto da mata em que ficaríamos.

Perguntei a Tânia:

– Aqui faremos nossa refeição?

– Refeição? – ela emitiu uma gargalhada sonora.

Estranhei aquela reação. Nunca poderia imaginá-la rindo daquela forma. Porém, fiquei atento, prestando atenção em todos os seus movimentos.

Ela estendeu uma toalha vermelha por sobre a grama. Colocou sobre ela vinho e algumas frutas. Pediu que eu pegasse naquela mata alguns galhos mortos de árvore. Montou uma "bela mesa", ajoelhou-se e começou a fazer evocações mágicas.

Fiquei espantado com aquilo tudo. Ao final daquele processo magístico, perguntei a ela;

– O que foi que você fez?

– Uma pequena magia para que o sr. Hugo pare de me importunar!

– Mas o que ele tem feito que a incomoda tanto a esse ponto?

– Ah, coisas de homem. Sabe como é, né?

Compreendi e calei-me. Ela me olhou e falou:

– Você é um belo feiticeiro, sabia? Vi isso na última vez em que abri meu oráculo.

Lembrei-me da visão que havia tido com aquele feiticeiro, falando-me exatamente o que ela me dizia naquele momento. Fiquei preocupado. Ela disse:

– Se quiser, posso ajudá-lo a retomar esse caminho.

Fiquei fascinado com aquela possibilidade e declarei:

– Acho tentadora e interessante a sua proposta. E gostaria, mesmo, de saber mais sobre isso tudo.

Ela sorriu e falou:

– Está perfeito! Então, começarei a ensiná-lo algumas fórmulas bem interessantes que o auxiliarão bastante no seu dia a dia.

– E quando começo a aprender?

– Quando você quiser, ora! Podemos vir aqui nesta mata, que é sempre muito tranquila. Sempre faço meus "feitiços" aqui.

– Então, que tal no próximo domingo?

– Para mim está perfeito!

Sorri para ela, puxei-a pelo braço e nos beijamos.

Do lado etérico, observando-nos estavam o Feiticeiro Hijon e Pai Cipriano do Cruzeiro das Almas. O velho feiticeiro falou:

– Mestre Mago da Luz, inicia-se agora a derrocada deste menino!

– Mais uma vez, velho feiticeiro, mais uma vez!

– Há algumas coisas que eu posso fazer para impedir. Tenho como separá-los... com a sua autorização, é claro!

– Infelizmente, não é possível, caro feiticeiro! O Alto determina que o protejamos e não mexamos em nada do que ele está fazendo. Ele deverá positivar-se por conta e vontade próprias. Mesmo que leve alguns séculos para ele acordar, assim deverá ser.

– Apesar de meus métodos serem diferentes, Mestre Mago da Luz, eu compreendo e respeito. E as suas determinações seguirei.

Pai Cipriano do Cruzeiro das Almas, pitando seu cachimbo, sacudiu a cabeça vagarosa e afirmativamente, visivelmente triste, por me ver rumar a passos largos para o caminho da negativação.

Capítulo 5

Rumando para a Negatividade

Eu e Samir efetuamos com eficácia o roubo dos tecidos. Recebemos dos estrangeiros uma quantia que ultrapassava a que havíamos recebido no primeiro trabalho.

Éramos um bando que adquiria respeito perante aqueles parceiros. E, quanto mais sucesso obtivéssemos, mais caro cobraríamos pelos produtos.

Começamos a planejar outros roubos e, cada vez mais, impressionávamos os estrangeiros.

Em 1838 d.C., eu já era um homem rico, havia adquirido terras, que administrava comprando e vendendo gado. Esta passou a ser também uma boa fonte de rendas, lícita, e que me ajudou, em pouco tempo, a obter respeito na região.

As pessoas olhavam-me de modo diferente. Ainda era um homem jovem, porém já era chamado por todos de sr. Carreras. E tudo isso à minha volta me fascinava e me envaidecia por demais.

Fui procurado por um homem, que me propôs parceria, no contrabando de carne para outros países sul-americanos. Sua proposta era boa. Porém, a quantidade necessária ultrapassaria os limites da minha criação. Então, deveria roubar outros fazendeiros. E, para isso, chamei Samir.

Iniciamos essas atividades ilícitas e, rapidamente, eu já ganhava muito dinheiro. Todo esse movimento me deixava por demais feliz e, a cada conquista, considerava-me mais poderoso e imbatível. Para mim, ninguém naquela região me superaria ou ousaria me desafiar. E, realmente, as conversas pelos quatro cantos da província de Santa Fé nutriam meu ego e minha vaidade.

Os outros fazendeiros me temiam. Alguns pensavam em desafiar-me, mas, graças à parceria com Samir, eu tinha à minha disposição um poder bélico que superava o de todos eles.

Porém, mesmo assim, eu precisava manter-me cauteloso, pois, caso descobrissem que eu era o mentor dos saques em suas fazendas, se uniriam contra mim.

Mas, a vaidade me inflava e me fazia acreditar que eu não seria vencido por ninguém.

Certa feita, quis comprar as terras de outro fazendeiro da região. Ele não quis negociar comigo e, para enfraquecê-lo, eu, Samir e seus homens sequestramos seu filho e passamos a chantageá-lo.

Era um homem forte, determinado, mas que não agia fora da lei. E, mesmo naquela situação, manteve-se reto, calmo e negou-se a vender as terras. Então, em determinada noite, no meio da mata, deixei seu menino sob os cuidados de Samir e seus homens. Eles mataram aquela criança.

Aquele homem, muito religioso, ainda assim, apesar de todo o seu sofrimento, agiu dentro da lei. Denunciou-me, mas não tinha como provar meu envolvimento.

Nossa ação fora cuidadosa e não deixamos rastros. Porém, apesar disso, minha fama de assassino começou a circular pela região.

Certo dia, Tânia perguntou-me:

– Você realmente matou o filho daquele fazendeiro?

– Eu não, obviamente! Acha que eu sujaria minhas mãos?

Ela gargalhou sonoramente.

Àquela altura, eu e Tânia formávamos um casal de namorados negativados. Nossos encontros eram circundados por energias baixas e negativíssimas. Meu Mestre, Pai Cipriano do Cruzeiro das Almas, raramente conseguia aproximar-se de mim. Já o Feiticeiro Hijon obtia mais êxito, mas, mesmo assim, pouco conseguia fazer para me ajudar.

À minha volta, o homem-rato "tomava conta de mim" como se fosse meu guardião.

Em determinada noite, eu e Tânia bebíamos vinho em minha casa. O homem-rato, à minha volta, a tudo controlava.

A distância, Pai Cipriano do Cruzeiro das Almas e o Feiticeiro Hijon observavam o que acontecia.

O Preto-Velho Mago falou:

— Feiticeiro Hijon, perceba que hoje ele dará passos à frente na sua negativação.

— Sei do que fala, Mestre Mago da Luz! Mas, se temos determinação dos superiores para não agir, então, assim faremos.

— Entenda, velho feiticeiro, se interferirmos agora, mais tarde ele manterá sua conexão com a negatividade. Então, faz-se necessário que ele passe pela correção no momento que se avizinha e é determinado pela Lei Maior.

— Compreendo, Pai Cipriano do Cruzeiro das Almas! Estou começando a entender como age a Lei Divina, os motivos e seus objetivos.

Pai Cipriano do Cruzeiro das Almas sacudiu a cabeça vagarosa e afirmativamente.

Eu e Tânia, naquele momento, beijávamo-nos.

O homem-rato começou a correr à minha volta.

Pai Cipriano falou para o velho feiticeiro:

— Perceba, Feiticeiro Hijon, sempre que Shaly faz este movimento, meu menino comete alguma imprudência.

E foi exatamente naquele momento, em que beijava Tânia amorosamente, que a puxei pelos cabelos, firmando meu olhar no dela. Olhei-a com ar feroz, mordi seu pescoço e, em seguida, passei a esbofeteá-la. Ela chorava e berrava:

— Ramón, o que está acontecendo com você? Pare com isso!

Eu ouvia tudo a uma distância enorme. Ao mesmo tempo que não entendia por que estava fazendo aquilo, algo muito mais forte do que eu conduzia meus movimentos.

Quando parei, ela chorava muito, seu rosto sangrava. Levantou-se, dirigiu-se até a porta. Corri até ela, chorando.

— Perdoa-me, Tânia! Não sei o que aconteceu comigo, perdoa-me!

— De novo, Ramón, mais uma vez você está destruindo o que há de mais belo entre nós!

— Do que você está falando?

Não respondeu, saiu correndo porta afora. Fiquei triste, chorei copiosamente. Não entendia o que estava acontecendo comigo. Por que eu havia agredido a mulher que amava? Meu sentimento por ela era muito especial, eu a queria para mim. Então, por que aquilo tudo acontecera?

Mais uma vez, fiquei triste, perdido e sem respostas.

Quando eu já dormia, próximo à minha cama, Pai Cipriano do Cruzeiro das Almas e o Feiticeiro Hijon olhavam-me. O velho feiticeiro aproximou-se de mim, passou o seu cajado com a mão esquerda por sobre o meu corpo. E, naquele instante, sonhei que me afogava em meio a um oceano revolto. Era como se fosse o único náufrago de um barco. Estava sozinho, morrendo afogado, no meio do oceano, e sem nenhuma perspectiva de salvação.

O velho feiticeiro olhou para Pai Cipriano do Cruzeiro das Almas e falou:

— É lamentável, Mestre Mago da Luz, que ele não consiga compreender os sinais que lhe são enviados.

— Concordo, Feiticeiro Hijon, mas ele está trilhando a estrada que escolheu. Não há muito por fazermos agora, a não ser aguardarmos pela correção. A partir dela, haverá mais condições de reverter toda esta situação.

O velho feiticeiro sacudiu a cabeça afirmativamente.

Tudo o que ocorria comigo era fruto da minha negativação. Porém, eu estava completamente inconsciente. Era um verdadeiro ignorante, exatamente porque não me conhecia intimamente.

Procurei por Tânia alguns dias após aquele episódio. Implorei por seu perdão, ajoelhei-me. Percebi nela uma mágoa e um rancor preocupantes. Mesmo assim, perdoou-me. Porém, tornou-se mais fria no relacionamento. Mas, ainda assim, era a mulher que eu amava. Queria estar com ela a qualquer custo.

Certo dia, na mata, fazíamos uma magia a fim de beneficiar-me em alguns negócios. Após o encerramento do processo, ela apenas me olhou, saiu correndo sem nada falar.

Fui atrás dela. Gritava:

– Tânia, espere-me, o que houve?

Ela nada respondeu. Deixei que partisse.

Ficou aproximadamente 40 dias evitando-me. E eu procurei-a praticamente todos os dias naquele período.

Quando, finalmente, conseguimos conversar, ela confessou que ficara traumatizada com o que acontecera em minha casa e que sentia que aquela não havia sido a primeira vez que eu agira de tal modo com ela.

Não entendia por que falava daquela forma. Minha compreensão de tudo além da matéria, então, era nula. E percebi que, exatamente, minha ignorância irritava-a e a afastava ainda mais de mim.

Comecei a pensar em uma forma de reconquistá-la. O que eu podia fazer?

Tânia era uma bruxa muito esperta, experiente nas lidas com magias. Eu conhecia algumas fórmulas, mas não podia comparar meus conhecimentos com os que ela possuía.

Após muito pensar, resolvi que passaria a galanteá-la. Passei a enviar poemas e flores para ela. E, aos poucos, fui "amolecendo" seu coração.

Certo dia, enviou-me um recado, dizendo que gostaria de encontrar-me.

Encontramo-nos na mata, conversamos muito, implorei por seu perdão sincero. Resolvemos recomeçar nosso relacionamento, sem mágoas e rancores, e eu me comprometi em ser um novo homem para ela.

Naquele dia, amamo-nos em meio à natureza.

Pai Cipriano do Cruzeiro das Almas foi chamado para uma nova reunião no salão do Divino Trono da Evolução, no campo-santo.

Foi recebido pelo Senhor Gehusyoh que, rapidamente e sem cerimônias, falou:

– Caro Mestre Mago da Luz, é preciso que esteja, a partir de agora, mais alerta na proteção de seu tutelado.

– O que se passa, caro Gehusyoh?

– Ele estará, Senhor Mago da Luz, envolvendo-se em projetos que acelerarão a sua negativação além do que tínhamos previsto. E isto pode acarretar a determinação da Lei Maior e da Justiça Divina na imediata paralisação de sua atual passagem pelo plano material da vida humana.

– Isto é realmente preocupante, caro amigo! – falou, visivelmente preocupado, meu Mestre.

O Senhor Gehusyoh falou:

– Portanto, Preto-Velho Pai Cipriano do Cruzeiro das Almas, faz-se necessário que fique atento, pois poderá ser chamado a qualquer momento para receber uma informação que mudará os rumos deste trabalho. Mantenha informado o senhor feiticeiro que trabalha sob sua orientação, a fim de que ele redobre sua atenção e seu trabalho. Mas deixe-o ciente de que seu trabalho cessará no instante em que seu tutelado fizer a passagem. Pois, a partir desse momento, a Lei Maior e a Justiça Divina tomarão a direção do caso.

– Perfeitamente, Senhor Gehusyoh, ele já foi avisado e tem ciência disso.

– Muito bem, Mestre Mago da Luz, vejo que sua percepção aguçada sempre faz com que "adiante" o serviço.

Despediram-se. Pai Cipriano do Cruzeiro das Almas saiu do cemitério naquela noite visivelmente triste.

Não imaginava que eu pudesse me negativar tanto em tão pouco tempo. Pensou: "Eu achava que, depois de tudo o que ele passou na encarnação anterior, teria uma percepção melhor do todo. Mas vejo que, ao contrário, ele se autoanulou, apagando em seu íntimo a memória inconsciente de tudo o que já lhe fez mal, de tudo o que já lhe fez bem, e está optando, infelizmente, a passos largos, por um retorno ao instintivismo".

Eu era, cada vez mais, após tantos séculos, uma estrondosa decepção para meu Mestre Mago Tutelar. Ele se sentia de mãos atadas. E eu, inconsciente de tudo o que já havia passado durante toda a minha jornada (especialmente nas três encarnações anteriores), achava que estava lutando para conquistar o que era meu.

Porém, mal sabia que o que realmente era meu estava dentro de mim, apagado, e só dependia de uma ativação mental para ser religado e recolocar-me no caminho reto que leva de volta aos braços do Pai.

Capítulo 6

Aflorando Preconceitos

Em frente ao mar, Pai Cipriano do Cruzeiro das Almas se reenergizava.

Estava "nutrindo-se" com a essência aquático-cristalina, beneficiando-se e reabastecendo-se para tudo o que ainda viria pela frente.

Enquanto isto, eu, na taberna do sr. Hugo, bebia vinho e conversava com Samir. Estávamos visivelmente embriagados, bebíamos muito, conversávamos e ríamos. Nossas sonoras gargalhadas chamavam a atenção de todos os presentes naquele recinto.

Em dado momento, Samir falou:

— Ramón, você, além de muito inteligente, é muito espirituoso!

— Ora, Samir, mas não procede o que estou falando? – falei a ele, rindo muito, e prossegui: – As mulheres, quando tiram suas "fardas" de poderosas e manipuladoras, não passam de gatinhas de estimação. Fazem tudo o que queremos. Não é verdade?

Samir ria muito.

Tânia, ouvindo nossa conversa e visivelmente incomodada, serviu-nos uma garrafa de vinho demonstrando um enorme mau humor.

Samir olhou-me e falou:

— Você e esta garçonete não estão...?

— Estamos sim...

Caímos na gargalhada. Tânia, encostada ao balcão, devorava-me com os olhos.

Samir parou de rir e falou-me:

– Ramón, meu caro, tenho uma coisa para lhe falar que, talvez, seja muito interessante para você.

– Diga, meu bom parceiro!

– Há um confronto ocorrendo no Brasil, neste momento, que se desenrola há quatro anos, para ser mais exato. Uma revolta no sul do país, de cunho separatista, desafia o poder central. São líderes republicanos que querem separar-se do Brasil. Chamam a revolta de "Guerra dos Farrapos". Esse movimento, caro parceiro, pode ser muito interessante para nós, pois, se concretizarem esta separação, teremos mais um mercado para os nossos negócios.

– Mas, caro parceiro, nossos "amigos estrangeiros" vendem nossos produtos para a capital brasileira, o Rio de Janeiro, e para São Paulo, pelo que sei. E, se ficarmos ao lado desses "separatistas", corremos o risco de acabar selando um rompimento com estes que já são nossos parceiros.

– Entendo, Ramón, mas veja por outro ângulo: se ocorrer essa separação e formos hábeis em nossas relações, poderemos manter nossa parceria com os brasileiros e "abrir fronteiras" com os "gaúchos" do sul do Brasil. Vivi no Brasil por algum tempo, caro amigo, não se esqueça disso! E conheço bem as características daquele país. Para os parceiros que vivem no centro político do país, não haverá grandes problemas se justificarmos que precisamos abrir mercado com o novo país, até porque, pense bem, nossos parceiros são comerciantes e não políticos. Com certeza, também quererão fazer negócios com o novo país.

Levei a mão ao queixo, pensei e falei:

– É, talvez você tenha razão, Samir!

– Porém, Ramón, se bem conheço os gaúchos brasileiros, são em tudo muito parecidos com você e seus conterrâneos. Um povo de sangue quente, ideias fortes, posições firmes. Com certeza, mesmo os comerciantes, se souberem que estivemos ao lado do poder central brasileiro, por exemplo, não nos abrirão nunca suas portas.

– Entendo... – fiquei pensativo por alguns instantes e, em seguida, completei: – Mas, Samir, onde você quer chegar com isto tudo? Afinal, como negociantes, devemos apenas esperar o desenrolar da situação, correto?

– É aí que está o que você ainda não sabe, Ramón! Há uma forte possibilidade de os revolucionários gaúchos do Brasil necessitarem de ajuda nas trincheiras. E acho que seria bem interessante reforçarmos seu "exército" com nossos homens... e conosco, Ramón!

– Uma guerra, uma revolução...!

Fiquei pensativo, visivelmente tentado por aquela possibilidade. Uma guerra, uma revolução, tudo aquilo me levava aos sonhos que, desde a adolescência, mostravam-me no comando de um exército. Tudo me fascinava muito e mexia com algo em meu íntimo que eu não sabia identificar, mas tomava-me por completo. Se eu aceitasse aquela proposta de Samir, colocaria "para fora" todo o meu instinto guerreiro que sempre se manifestou em meu interior.

Estávamos no ano de 1839 d.C. Os negócios fluíam muito bem. E já estava mais do que na hora de abrirmos novos mercados.

– Samir, meu amigo, vou pensar seriamente no que me falou. Com certeza, acho bem interessante para nossos negócios, mas vou ponderar e voltamos a nos falar em poucos dias.

– Perfeitamente, Ramón!

Samir demonstrava ter por mim uma grande admiração. Aquele homem tinha em mim o que visivelmente lhe faltava, o senso de estratégia e, com certeza, convidava-me para estar ao lado dele naquela "revolução" brasileira, porque, mesmo sendo um exímio comandante de seu grupo, não tinha o que mais lhe seria necessário em uma batalha como a que iria enfrentar: senso de planejamento, estratégia, saber o momento certo para atacar e recuar. Tinha o pulso forte, era um líder nato, mas ao meu lado formaria uma parceria perfeita. Eu ainda precisava pensar como me beneficiar com aquela proposta. Além da possibilidade de abrir um novo mercado para meus negócios, deveria entrar naquela empreitada para ganhar dinheiro... e um bom dinheiro!

Samir foi embora, deixando-me sozinho na taberna. Tânia, visivelmente irritada comigo, servia-me demonstrando claramente seu mau humor.

Aguardei que o estabelecimento fechasse. Saí junto com ela, que apressou o passo, demonstrando não querer minha companhia.

– Por que você está me tratando assim, Tânia?

– Ainda me pergunta? Acha que não ouvi sua conversa "animada" com seu amigo? É da forma que falou que pensa em me tratar?

– Ora, Tânia, em hipótese alguma! Estávamos "zombando" apenas. Não era nada sério!

– Vá para a sua casa, Ramón. Vou dormir sozinha hoje!

– Mas, Tânia...

Ela acelerou o passo. Deixei que fosse. E pensei: "Que mulher difícil!".

Dei meia-volta e fui até meu cavalo.

No caminho, um homem negro parou à minha frente e disse:

– Eu preciso de ajuda!

Empurrei-o e falei:

– Eu não ajudo escravos, seu nojento. Saia da minha frente!

Ele, caído ao chão, ficou olhando-me partir. Saí cavalgando sem olhar para trás. Pensei: "Estes escravos não deveriam andar por aí importunando as pessoas! Se eu governasse este país, esta 'coisa' de libertação desta gente não estaria acontecendo".

Fui até minha casa, banhado, naquela noite, em um desconforto amoroso e em muito preconceito, nutrido por minha ignorância.

Custei a dormir naquela noite. Ao meu lado, Pai Cipriano do Cruzeiro das Almas, que eu não enxergava, mas era exatamente o arquétipo de homem que eu abominava: um negro.

Ele pensou: "De tudo o que você tem feito, saiba que será por meio do preconceito que se afundará ainda mais. Se não revisar seus pensamentos e principalmente seus sentimentos e conceitos errôneos, em pouquíssimo tempo tudo o que verá será tão ou mais escuro do que a minha pele ou a daquelas pessoas que abomina e considera inferiores".

Após muito tempo, adormeci. Sonhei que estava à beira de uma cachoeira, de joelhos, chorando. Em dado momento, levantei a cabeça, olhei para a frente, vi o velho feiticeiro Hijon, que sorria para mim com ar irônico. Ele nada falou, apoiou seu cajado no chão com a mão esquerda, dirigiu-se a mim, porém, antes de chegar onde eu estava, desapareceu. Atrás dele, apareceu a figura de um velho negro, fumando um cachimbo curvo, usando calça e camisa brancas, um chapéu de palha grande, aproximando-se de mim. Estranhamente, não senti nojo daquele homem negro e velho. Sentia vontade de abraçá-lo e de chorar. E aquela sensação era nova e estranha para mim, pois normalmente, por ser ele um homem negro, eu sentiria nojo e repulsa e o consideraria um homem inferior. Mas, ao contrário do que sempre pensei e senti, via nele um homem muito superior a mim. Sentia que podia confiar nele, entregar-lhe minha vida. Quando ele chegou próximo a mim, estendeu-me a mão, levantei, abracei-o e passei a chorar copiosamente como uma criança perdida que é resgatada por seu pai.

Acordei-me daquele sonho e pensei: "Que pesadelo horrível!". E, novamente, custei a voltar a dormir.

Na noite seguinte, não fui à taberna. À meia-noite, aguardava Tânia em frente à sua casa. Ela não demorou a chegar. Olhou-me com ar de reprovação e falou:

– O que você faz aqui, Ramón?

– Vim ver você, Tânia. Afinal, estava com muita saudade!

– Pensei que estivesse com saudade de seus amigos e de suas conversas bem machistas!

– Não fale assim, minha amada! Nada daquilo se refere a você...

– Ah, é? Então, refere-se a quem? A alguma outra mulher sua?

– Pare de bobagem. Conversas entre homens são assim mesmo, ora!

– Eu não gosto disso!

Ela cruzou os braços, deu um passo à frente, ficando de costas para mim. Senti que estava abaixando a guarda. Aproximei-me, puxei seu braço direito com força, virando-a de frente para mim, pus a mão em suas costas, puxando-a mais uma vez e colando-a ao meu peito, e falei:

– Eu sei que sentes saudades do teu homem!

Ela nada falou, ficou olhando-me apenas. Beijei-a. Naquela noite, amamo-nos intensamente.

Pela manhã, acordou-me para uma bela refeição matinal. Tânia sempre fora uma mulher de muitos dotes e a culinária era uma de suas especialidades.

Durante a refeição, perguntou-me:

– Ramón, meu amado, você seria capaz de ir embora comigo?

Olhei para ela, espantado, e perguntei:

– Para onde, Tânia?!

– Não sei ainda. Paraguai, Brasil, talvez...

— Tânia, meus negócios estão todos centrados na Argentina, aqui em Santa Fé, mais precisamente.

— Mas você não pode fazer o que você faz em outro lugar?

— Levaria muito tempo para me estabelecer, reconhecer o local, ser conhecido pelas pessoas, confiar nelas e ganhar a sua confiança. Neste tempo todo, eu perderia muito dinheiro, Tânia!

— Ah, mas é que eu quero sair daqui.

Interrompi-a:

— Mas por que isto, agora?

— Não vejo mais nenhuma boa perspectiva de vida para mim aqui em Villa del Rosario, Ramón!

— Ora, venha viver comigo na fazenda. Já lhe falei. Posso proporcionar uma vida boa e confortável. Ainda trabalha naquela taberna porque quer!

— Eu já disse a você, Ramón, que não quero depender de ninguém. Vivo desta forma e gosto que assim seja.

— Está bem, Tânia, já sei tudo o que você vai falar. Não precisa prosseguir. Eu entendo também seus anseios, mas se for embora, eu ficarei sozinho aqui, sem você... e não sei o que será de mim.

— Preciso viajar, Ramón!

— Vamos visitar, então, um país vizinho, que tal?

— Se eu sair da taberna, não mais voltarei. Então, sair de lá para mim significa ir embora. Até porque, não vejo nenhuma outra perspectiva de trabalho para mim aqui em Villa del Rosario.

Fui embora da casa de Tânia pensando muito naquela nossa última conversa. Por que, àquela altura, ela surgiu com aquela proposta? Considerava estranho, especialmente, aquela faceta do seu comportamento, pois sempre quando tudo parecia correr bem, de algum modo, ela procurava uma fuga ou uma forma de fugir do "compromisso" que começava a tomar corpo.

Mesmo assim, a ideia de atravessar a fronteira para algum país vizinho era para mim extremamente tentadora. Além de tudo que Tânia falou, pensava também na proposta de Samir. Desenhava-se algo novo para minha vida; eu sentia claramente.

E tudo o que poderia vir, com as novas ações, poderia alavancar ainda mais o meu "sucesso". E, para mim, tudo o que me levasse a mais "sucesso" era sempre bom demais.

Passei dias e dias pensando naquilo tudo. Tentava encontrar uma forma de estar ao lado de Tânia, satisfazendo-a, mesmo que em uma pequena viagem, também pensava em estar ao lado de Samir e seu bando na "Guerra dos Farrapos". A hipótese de participar de uma revolução mexia com meus nervos, deixava-me extremamente excitado.

Tentei convencer Tânia a me deixar conversar com sr. Hugo, a fim de que lhe desse alguns dias de "férias" para que pudéssemos viajar.

Mas, minha amada, era uma mulher extremamente radical, não admitindo em hipótese alguma que alguém tomasse a frente nas "coisas" da sua vida.

Falou-me:

– Está bem, Ramón, até concordo em viajar com você, mas quem falará com sr. Hugo serei eu!

Acabei concordando a fim de evitar um desentendimento com ela. Além do mais, seria muito difícil para o sr. Hugo, caso Tânia partisse definitivamente, encontrar uma mulher que trabalhasse de forma tão dedicada quanto ela. As moças de "boas famílias" de Villa del Rosario não aceitariam trabalhar naquela função e, então, a possibilidade de quem a substituísse acabar cedendo às "investidas" dos clientes, "manchando" a imagem do estabelecimento, era muito forte.

Tendo concluído isso, fiquei mais tranquilo e deixei que Tânia tomasse as "rédeas" na condução daquele assunto.

E tudo ocorreu exatamente com eu intuíra. Tânia conversou com sr. Hugo que, contrariado, mas sem muitas alternativas que lhe fossem favoráveis, acabou concordando em dar a ela alguns dias de férias.

Fiquei muito feliz com aquela situação, afinal, nascia ali uma boa possibilidade de aproximarmo-nos ainda mais e conhecermo-nos melhor. Pensei: "Quem sabe, com esta viagem, eu finalmente consiga convencê-la a casar-se comigo e morar na fazenda?".

Só restava decidirmos para onde viajaríamos em comum acordo com ela, pois não era uma mulher que acatava decisões, e sim uma mulher que tomava decisões.

Ainda assim, havia a possibilidade aventada por Samir, que me excitava por demais. Precisava unir as duas coisas: eu queria viajar com minha amada, mas também queria lutar naquela "revolução".

Em frente a uma cachoeira, conversavam o Feiticeiro Hijon e Pai Cipriano do Cruzeiro das Almas.

– A situação está bem complicada, Mestre Mago da Luz!

– Sei bem disso, caro feiticeiro!

– As decisões que ele toma levam-no cada vez mais aceleradamente ao fundo do poço. A união dele com esta mulher só veio para prejudicá-lo ainda mais...

Pai Cipriano interrompeu-o:

– Ambos surgiram na vida um do outro para se prejudicarem, caro feiticeiro! Isto já vem se desenvolvendo dessa forma há alguns séculos. E, infelizmente, eles não aprendem. E, o que vem pela frente, no que se refere à relação destes dois, prepare-se, porque não é nada amigável!

O Feiticeiro Hijon, preocupado, levou a mão ao queixo.

Pai Cipriano do Cruzeiro das Almas prosseguiu:

– E, com tudo desenhando-se dessa forma, é muito provável que esta etapa do trabalho encerre-se rapidamente.

– O senhor está querendo dizer que...

– Não estou querendo, estou dizendo, Senhor Hijon! E digo-lhe, banhado em uma profunda sinceridade: prefiro vê-lo desencarnar logo e passar por uma forte correção, porque sei que, mais tarde, talvez ele caia tanto que custe bem mais do que imaginamos a retornar... e se retornar, velho feiticeiro!

– Entendo, Mestre Mago da Luz!

O velho feiticeiro guardião e meu Mestre, naquele momento, viam que pouco poderiam fazer para auxiliar-me, pois eu já me encontrava entregue aos desígnios da Lei Maior e da Justiça Divina.

E, quando um espírito se negativa e alcança este "grau", não há mais nada que possa ser feito, a não ser aguardar que a "sentença" seja cumprida.

Naquela noite, Pai Cipriano do Cruzeiro das Almas caminhava pelo lado etérico do campo-santo. Naquele cemitério, reenergizava-se e observava o movimento no lado espiritual daquele ponto de forças. Até que, em um dado momento, foi interpelado por um espírito. Era um homem que vestia uma roupa preta, com um lenço preto amarrado na cabeça, visivelmente negativado. Tinha olheiras profundas, alguns dentes pretos. Sorriu e falou:

– É muito bom encontrá-lo, Mago!

– O que quer, sr. Halbor? Não tenho nada que possa ajudar-lhe, a não ser, é claro, que queira trilhar o caminho que leva à Luz...

O Mago trevoso interrompeu-o:

– Não vejo sentido no que fala. Só vejo sentido em você entregar-me aquele inescrupuloso que me deve...

Pai Cipriano interrompeu-o, alterando a voz:

– Alto lá! O senhor refira-se ao meu tutelado de forma respeitosa! Além do mais, não entrego meu menino a ninguém. Especialmente a quem vive em uma faixa vibratória consciencial negativa, como é o seu caso. Se ele deve algo, deve à Lei Maior e não ao senhor.

O Mago Halbor, visivelmente transtornado, alterando a voz, falou:

– Deve sim! Ele me roubou. Se estou hoje nesta condição é por culpa dele!

– De modo algum... O senhor está assim porque se negativou por seus próprios equívocos. Se ele errou com o senhor, e realmente errou, acertará estas contas com a Lei Divina. Entenda isso! Porque, quando começar a compreender dessa forma, estará se libertando destas amarras que o senhor mesmo criou e estará subindo alguns graus, tendo, novamente, a real possibilidade de trilhar sua senda evolutiva em paz, de volta aos braços do Pai.

Halbor gargalhou e falou:

– Eu não posso dar ouvidos a isso! Quero-o para mim. Precisamos acertar as contas.

– Nunca terá isso!

O Mago trevoso plasmou um cetro preto à sua mão esquerda, apontando-o para Pai Cipriano do Cruzeiro das Almas. Imediatamente, o Preto-Velho Mago encostou seu cachimbo na ponta do cetro, desintegrando-o e jogando aquele homem a alguns metros, fazendo-o cair sentado. Pai Cipriano olhou para ele e falou:

– Pense melhor da próxima vez, antes de desafiar um Mistério servidor da Evolução, da Lei Maior e da Justiça Divina.

O homem desapareceu. Pai Cipriano continuou andando por aquele cemitério. Pensou: "Esta negativação do meu menino prejudica-o muito mais do que ele pode imaginar, porque, inconscientemente, ele vai religando os cordões que possui com estes seres negativados, com os quais ele teve sérios problemas em outras encarnações. No período da correção, se não estiver bem amparado, poderá sucumbir ainda mais. Preciso pleitear junto ao Divino Trono da Evolução, aos Divinos Tronos da Lei Maior e da Justiça Divina, que permitam que eu tome a frente nesta correção dele, ou tudo poderá sucumbir, levando-o a um poço tão fundo, que o fará perder-se de mim. E isso é tudo o que eu não quero!".

Pai Cipriano do Cruzeiro das Almas estava visivelmente preocupado. Eu, como já era de praxe, dava-lhe mais trabalho do que satisfações. Mas o amor daquele Mago por seu tutelado era intenso e "teimoso", pois em hipótese alguma, em momento algum, ele desistiria de mim.

E assim foi e vem sendo ao longo dos tempos.

Capítulo 7

Amor e Revolução

Durante dias pensei constantemente na possibilidade de lutar naquela batalha. Tinha a certeza de que responderia a Samir positivamente, mas também pensava em uma forma de levar vantagem naquela situação. Afinal, para os revolucionários brasileiros solicitarem até mesmo forças estrangeiras para se juntarem aos seus soldados, obviamente, havia grandes interesses por detrás dos seus objetivos. Havendo grandes interesses, também haveria dinheiro. E, por mais que toda aquela possibilidade me excitasse, só lutaria ao lado deles por dinheiro.

Por outro lado, havia Tânia. Sentia que se não fizéssemos a viagem, ela partiria sozinha, deixando-me. E eu não gostaria que isso acontecesse em hipótese alguma.

Todavia, considerava que conseguiria chegar a um denominador comum, tendo-a a meu lado, lutando na Guerra dos Farrapos e ganhando um bom dinheiro, além da tal abertura de um "novo mercado" cantada em prosa e verso por Samir.

Naquela manhã, sentia-me muito feliz, pois intuía que tudo estava caminhando muito bem para mim. Recebi uma mensagem do sr. Valdinez, dizendo que gostaria de me ver. Não podia imaginar o que ele queria comigo; afinal, há tanto tempo eu saíra da casa dele e nunca mais havíamos nos falado. De qualquer modo, fui ao seu encontro.

Chegando lá, recebeu-me com um sorriso no rosto. Convidou-me a sentar, ofereceu-me um vinho. Falou:

– Como vão os negócios, caro Ramón?

– De vento em popa, sr. Valdinez!

– Ótimo! Fico muito feliz por você, meu garoto! Sua mãe, onde quer que esteja, deve estar muito orgulhosa de você!

Estranhei seu tom de voz e seu ar irônico. Movimentei-me na cadeira, nervoso. Ele me alcançou a taça de vinho e prosseguiu falando:

– Sabe, meu caro Ramón, alguns anos já se passaram desde aquele maldito saque dos vinhos em minha propriedade, mas não consigo esquecer aquilo tudo, você entende? Graças a Deus, consegui recuperar-me! Com muito suor, esforço, trabalhando em dobro, mas consegui!

Eu já me encontrava nervoso demais. E era visível, porque a taça de vinho tremia claramente em minha mão. Ele continuou falando:

– Então, como você pode perceber, recuperei-me, mas daria qualquer coisa para pôr as mãos no canalha que planejou aquele roubo em minha propriedade.

Eu não conseguia falar nada. Ele, ironicamente, perguntou:

– Você está nervoso, menino?

Sacudi a cabeça negativamente, nada falei. Eu não conseguia falar. Encontrava-me dentro de sua casa, estava desarmado. Ele mantinha homens armados por todos os lados daquela propriedade. Se quisesse, acabaria comigo em um segundo.

– Ramón, o que está havendo com você?

– Nada, sr. Valdinez. Apenas todas essas suas lembranças remeteram-me a mamãe. É impossível estar aqui, com o senhor, e não me lembrar dela!

Ironicamente, ele falou:

– Compreendo, Ramón, é claro que compreendo!

Olhou para a taça de vinho e, com os olhos fixos na bebida, falou-me:

– Ramón, gostaria que você me esclarecesse algumas dúvidas...

Gelei da cabeça aos pés naquele instante. Aquele era, em minha vida, o momento que mais temia...

– Bem, meu caro Ramón, percebo que você se encontra visivelmente nervoso – levantou os olhos, olhou-me firme e prosseguiu. – E compreendo perfeitamente seus motivos.

Sorriu ironicamente e voltou a falar:

– Naquela noite, você saiu de casa antes da meia-noite e foi visto entrando novamente na fazenda ao amanhecer. Onde você esteve?

– Como posso me lembrar, sr. Valdinez? Foi há alguns anos...

– Em dias ou noites marcantes como aquela, meu caro (e, para mim, foi uma noite muito marcante), nunca esquecemos o que fizemos. Ramón, diga-me a verdade agora. Em consideração aos serviços prestados por sua mãe, deixarei que parta... do país. Você ganhou dinheiro muito rapidamente. Eu sou um homem de negócios e sei o quanto custa para construir em tão pouco tempo o que você já construiu. Fico feliz por você, meu rapaz, tenha certeza disso! Mas, o que levei algum tempo para digerir, por mais que tenham me alertado sobre tal possibilidade, é que você era uma das pessoas que melhor conhecia a minha propriedade. E, dessas poucas pessoas, a única que não estava lá naquela noite.

Levantei-me, apontei o dedo indicador direito para ele e falei:

– Eu vou embora de sua casa agora, sr. Valdinez! Não basta ter explorado minha mãe por toda uma vida e, agora, quer acusar-me de ter roubado sua propriedade. Pois, saiba, que irei embora e não olharei para trás, em consideração ao carinho que minha amada mãe nutria pelo senhor. Porque, se dependesse da minha vontade, apenas, eu lhe mataria aqui e agora.

Ele ficou olhando-me seriamente e ordenou:

– Vá embora da Argentina ou eu matarei você!

– Veremos, sr. Valdinez! O senhor tem muito mais a perder do que eu.

Saí daquela propriedade, visivelmente nervoso. Ele poderia ter me matado ali. Mas, ainda havia algum carinho e consideração dele por mim, pois sei que não titubearia em acabar comigo.

Cheguei à minha propriedade. Tinha plena certeza de que estava declarada uma guerra entre mim e sr. Valdinez. Eu teria, a partir daquele momento, de tomar cuidados extremos, pois poderia ser facilmente pego em uma emboscada. Sr. Valdinez e seus homens conheciam todas as "entranhas" de Santa Fé como as palmas de suas mãos.

Custei a dormir naquela noite. Pensei que, mais do que nunca, uma viagem com Tânia e lutar na Guerra dos Farrapos serviriam para aliviar os ânimos dele, fazendo com que me esquecesse, ao menos por algum tempo.

Pai Cipriano do Cruzeiro das Almas e o Feiticeiro Hijon, do lado de fora da minha casa, conversavam:

– Caro Feiticeiro, precisamos redobrar a atenção! Este menino vai colecionando desafetos, mais e mais a cada dia. E isto é muito preocupante, porque pode ocorrer de ele ser morto por algum desses, de alguma forma e em um momento fora do que for determinado pela Lei.

– Compreendo, Mestre Mago da Luz! Mas, digo-lhe que nada acontecerá com ele nesse sentido, garanto-lhe. Tenho um bom conhecimento e até certo domínio em tudo o que se passa no lado etérico daquela propriedade onde ele residiu.

Pai Cipriano do Cruzeiro das Almas, atentamente, ouvia o velho feiticeiro, que prosseguiu:

— Um velho amigo guarda aquela propriedade, Pai Cipriano, tranquilize-se! Precisamos garantir, apenas, que nosso menino não vá até lá e nada faça para "provocar" seu desafeto.

— Compreendo, Feiticeiro Hijon! De qualquer modo, ainda acho que nossa atenção deve ser redobrada, pois, como lhe disse, ele está empilhando desafetos e, assim sendo, poderá acontecer algo que fuja do nosso controle a qualquer momento.

— Estaremos atentos, Mestre Mago da Luz, bem atentos!

Meu Mestre Mago Tutelar estava visivelmente preocupado. Eu não tinha noção de toda a negatividade que me rondava. Durante muitas encarnações, estive atento à minha espiritualidade, inclusive, por meio da minha relação com a magia, mas, naquela encarnação em especial, nem o hábito de rezar eu mantinha. Então, minha conexão com Deus, com as divindades que por mim zelavam, com meus Guardiões e meu Mestre era praticamente nula.

Alguns dias se passaram. Decidi que lutaria na Guerra dos Farrapos e enviei uma mensagem a Samir, dizendo que gostaria de conversar. Encontramo-nos, certa noite, na taberna.

— Samir, como deve acontecer nossa participação nessa revolução?

— O comandante que entrou em contato comigo aceita conversar. Ele precisa que cuidemos de um espaço que fica na divisa entre a província que antecede a província de São Pedro do Rio Grande do Sul, no Brasil, e a província de Santa Catarina. Precisa de homens que não sejam imediatamente associados à revolução e que estejam prontos para a luta quando soldados do imperador D. Pedro II aproximarem-se da localidade.

— Quer que fiquemos parados? Achei que lutaríamos na guerra, Samir?

— Mas, lutaremos, Ramón! Pense... — Samir abriu à minha frente um mapa do Brasil, mostrando-me a localidade. Nós ficaremos aqui — apontou o local no mapa —, é um lugar por onde passarão tropas imperiais. Como não estaremos fardados e não seremos reconhecidos como soldados da república separatista, então, como elemento-surpresa, atacaremos e seremos bem-sucedidos. Só é necessário, Ramón, que, ao chegarmos a essa localidade, você, com seu senso de estratégia, reconheça rapidamente o lugar para que nos armemos e posicionemo-nos de modo a não sermos surpreendidos.

Pus a mão ao queixo, olhei para ele por alguns instantes e falei:

– Muito bem, Samir! Esta parte está perfeita, mas, quanto aos ganhos...

Ele me interrompeu:

– Como eu já disse, ele aceita conversar. Mas, podemos pedir a ele algumas cabeças de gado, que negociaremos transformando-as em dinheiro, mais uma parte em dinheiro para o pagamento dos homens. Isto sem contar que depois teremos uma relação estreita com a república que está nascendo... o que é muito bom para os nossos negócios.

– E se eles não vencerem essa guerra, Samir?

– Mesmo assim, Ramón, essa revolução é liderada por grandes fazendeiros. Teremos um bom relacionamento com eles e as portas do Rio Grande do Sul estarão abertas para bons negócios.

Estava gostando de ouvir aquilo tudo. Algo me dizia que, dali, muito mais do que bons negócios nasceriam.

Samir foi embora. Fiquei aguardando Tânia. Acompanhei-a até sua casa. Naquela noite, ela estava especialmente bela, visivelmente "apaixonada" por mim. Dormi em sua casa. Amamo-nos.

Pela manhã, na cama, conversávamos. Ela falou:

– Você já pensou para onde vamos?

– Tânia, eu e Samir lideraremos um grupo em uma revolução que ocorre no Brasil.

Ela se deslocou rapidamente, ficando sobre meu corpo, olhando-me fixamente nos olhos. Perguntou:

– Você está ficando maluco? Lutar em uma revolução! Você não pode fazer isso!

– Sempre tive um espírito guerreiro, Tânia! Sempre sonhei com um momento como este.

Ela me interrompeu:

– Não faça isso! E nossa viagem? Já consegui a liberação por alguns dias com o sr. Hugo. Logo agora, eu estava tão feliz com essa possibilidade!

– Mas nós vamos viajar, minha amada!

– Explique melhor.

– Ora, ainda não decidimos para onde iremos. Por que não vamos ao Brasil? Então, conheceremos um novo lugar e eu poderei "trabalhar" também.

– Você está doido demais! Quer que eu o acompanhe em uma guerra?

– Entenda, minha amada: não ficaremos em uma trincheira propriamente dita. Ficaremos em um local por onde deve passar uma tropa de soldados do império brasileiro. Atacaremos, só isso! Até então, é o que está acertado com eles. E, além do mais, a proposta para a nossa participação nessa guerra é muito boa!

Tânia ficou pensativa. Estava visivelmente tentada com aquela possibilidade. Senti que, se eu insistisse, ela aceitaria. Então, falei:

– Vamos, amada, vamos lá! Uma nova viagem, um novo país, uma nova aventura!

Ela me olhou, sorrindo e falou:

– Está bem, seu doido, eu aceito!

Gargalhamos juntos. Beijei-a e amamo-nos novamente, por entre os lençóis, naquela manhã ensolarada.

Pai Cipriano do Cruzeiro das Almas nos olhava. Pensou: "Uma guerra que desencadeará outra, que se desenrola há séculos... e que pode ser muito mais sangrenta do que esta que irá participar, meu menino!".

Capítulo 8

Belos Olhos Azuis

Nossa viagem para o Brasil aconteceria em três semanas. Em casa, sozinho, estava muito preocupado com a possibilidade de uma emboscada por parte do sr. Valdinez. Solicitei a Samir que enviasse Pablo e mais alguns homens para guardarem minha propriedade. Ofereci-lhes uma boa quantia em dinheiro. Aguardava que chegassem a qualquer momento.

Bebia meu vinho favorito, embriagava-me para tentar fugir do medo que tomava conta de mim. Comecei a sentir que a luz à minha volta desaparecia gradativamente e minha casa foi ficando escura. Era como se eu tivesse sido transportado da sala da minha casa para uma caverna sem luz.

Estava visivelmente amedrontado.

À minha frente, apareceu o velho feiticeiro Hijon. Olhou-me, sorriu ironicamente e, mentalmente, falou-me:

– A tua conexão só é possível, no atual estágio em que te encontras, descendo às trevas, bom rapaz! Percebas o que estás fazendo contigo próprio. Olha para o alto, vê a luz, estende a mão e serás resgatado.

Pensei: "Não entendo nada do que está falando! Quem é você, afinal?".

Ele emitiu uma sonora gargalhada e desapareceu. Fiquei naquela escuridão, olhava para os lados e nada via. O silêncio era mórbido e amedrontava-me por demais.

Pensei: "Que lugar é este? No que minha casa transformou-se?".

Ouvi uma gargalhada ao longe. Não sabia de onde vinha, de quem era. Queria fugir dali, mas sentia-me preso, paralisado. Tentei firmar meu pensamento em minha casa, nas "coisas boas" que estavam por acontecer em minha vida... e aquela caverna mantinha-se escura.

Acordei, assustado, com uma batida forte na porta de minha casa. Fui atender. Era Samir, que falou:

– Pensei que você não estava em casa, Ramón! Estou batendo à porta há quase meia hora!

– Perdão, Samir, acabei cochilando!

– Pablo e os homens já se encontram lá fora. Vá conversar com eles e, a partir de agora, tome o controle da situação.

– Agradeço muito a você, Samir!

Ele sorriu, deu as costas, dirigindo-se à entrada da propriedade. Segui-o, chegando até Pablo e os homens que, sob seu comando, guardariam a mim e à minha fazenda.

Conversamos, passei as orientações, deixei uma boa quantia em dinheiro na mão de Pablo. Imediatamente, ele posicionou os homens. Voltei para a minha casa, certo de que dormiria mais tranquilo naquela noite. Porém, tive insônia, não conseguia dormir. Pensei em Tânia, queria vê-la, mas já era muito tarde e não seria prudente sair de casa àquela hora da noite, podendo ser pego pelos homens do sr. Valdinez.

Na noite seguinte, encontrei Tânia na taberna e acompanhei-a até sua casa.

Parados à porta, ela falou:

– Ramón, meu amado, prefiro que você não durma aqui hoje!

– Por que não, Tânia? Há algo errado?

– Não, de modo algum, apenas quero descansar!

– E você não pode descansar comigo ao seu lado?

– Ramón, não insista, por favor! Eu preciso e quero ficar sozinha neste momento.

– Não compreendo essas suas atitudes, Tânia, francamente! Sempre quando está tudo indo muito bem entre nós, você arruma algum motivo para brigarmos.

– Eu não estou brigando. Você é que está alterando a voz comigo! – ela falou, em tom alto.

Eu, quase berrando, falei:

– Eu não alterei a voz, mas você, para variar, está me provocando!

– Você é um insensível, Ramón. Vá embora agora! – ela falou, com os olhos arregalados, apontando com o dedo indicador esquerdo o "caminho" que eu deveria seguir.

Irritado, dei as costas, montei em meu cavalo e fui embora.

Não conseguia compreender por que Tânia agia daquela forma. Achava que ela não queria apenas descansar, e sim livrar-se de mim.

A insegurança estava tomando conta da minha vida e, no relacionamento amoroso, não era diferente.

Pai Cipriano do Cruzeiro das Almas conversava com o feiticeiro Hijon. Tentavam encontrar uma forma de impedir que eu participasse da Guerra dos Farrapos.

O velho feiticeiro falou:

– Consigo garantir que nada aconteça com ele, com relação àquele desafeto na propriedade onde morou. Mas, este rapaz é muito intempestivo, Mestre Mago da Luz! Ele é resistente às nossas influências. Acha que pensa por si só, mas está completamente tomado e influenciado pelos seres das trevas.

– Sei bem disso, Feiticeiro Hijon! Shaly, aquele ser bestificado, está ganhando cada vez mais espaço. Persegue-o há séculos, mas nunca, em momento algum, conseguiu permanecer tanto tempo próximo a ele como está conseguindo neste momento. E isto me preocupa...

O Preto-Velho Mago abaixou a cabeça, visivelmente triste. O Feiticeiro Hijon falou:

– Pai Cipriano do Cruzeiro das Almas, conheço bem estes seres bestificados, como o senhor fala... Sabe bem disso, conhece meu histórico. Enfim, com todos os problemas e dificuldades que estamos enfrentando, Mestre Mago da Luz, e com base no conhecimento que tenho desses seres, afirmo-lhe que ele não terá muito fôlego. Ele é o tipo de ser do "embaixo" que tem forças relativas, se é que me entende...

– Entendo sim, Feiticeiro Hijon, e sei que o senhor tem conhecimento de causa. Mas, entenda-me, ver meu menino no atual estágio faz-me pensar em muitas possibilidades, e nenhuma delas é um pouco animadora, ao menos.

– Mas, como o senhor mesmo diz, o desencarne dele, como uma forma de paralisá-lo e encaminhá-lo à correção, pode ser a tábua de salvação!

– Sim, eu sei que pode, mas precisamos aguardar que a Lei do Pai assim designe. E há momentos em que receio que algo possa acontecer antes do momento designado pela Lei. Se isso acontecer, perderemos o controle e tudo ficará mais difícil.

O Feiticeiro Hijon ficou pensativo por alguns instantes, olhou para o chão. Em seguida, voltou a olhar para Pai Cipriano do Cruzeiro das Almas, bateu o cajado com força ao chão e falou:

– Mas há uma coisa que pode ser feita, Mestre Mago da Luz. (Com a sua permissão e a da Lei Maior, é claro, poderemos, ao menos, anular parcialmente alguns desses seres que o perseguem!

– Fale-me sobre isto, Feiticeiro Hijon!

– Veja bem, caro Mestre da Luz. Temos liberdade de trabalho no que se refere a anular toda e qualquer investida de seres das trevas contra os desígnios da Lei, não é mesmo?

– Corretamente, Senhor Hijon!

— Então, deduzo que a Lei não nos impedirá de anularmos as investidas de Shaly e de outros seres negativados que queiram atingi-lo, permitindo, assim, que sua correção aconteça no momento em que a Lei determinar e anulando de vez a possibilidade de estes seres trevosos conseguirem levá-lo.

— Se agirmos dentro dos ditames da Lei Maior e da Justiça Divina, certamente, teremos amparo maior para isto, Feiticeiro Hijon!

— Quando o senhor fala, Pai Cipriano do Cruzeiro das Almas, em "agirmos dentro dos ditames da Lei Maior e da Justiça Divina", quer dizer exatamente o quê?

— Quero dizer que não podemos "eliminar" esses seres, pois isto também só deve acontecer mediante um desígnio da Lei do Pai e da Justiça Maior, sendo feito, quando determinado, por seus executores habilitados, Senhor Hijon!

— Entendo, mas isso não impede que "amarremos" esses seres trevosos, impedindo que cheguem até ele, correto?

— Se assim for, caro feiticeiro, temos liberdade de ação, garanto-lhe!

— Então, Mestre Mago da Luz, considere que assim será. Confie na palavra deste velho feiticeiro!

— Confio plenamente, Feiticeiro Hijon! E foi com base nessa confiança que eu o chamei para esta empreitada – o Feiticeiro Hijon sorriu, satisfeito. Desapareceu. Pai Cipriano do Cruzeiro das Almas ainda ficou ali, pensando em tudo o que estava acontecendo e no que ainda estava por vir.

Cinco dias antes da nossa viagem para o Brasil, eu passeava pelo porto de Villa del Rosario. Era uma tarde ensolarada. Admirava as belas mulheres que por ali andavam. Há alguns dias eu não ia à taberna e não via Tânia. E pensava em fazer isso naquela noite. Apesar de termos discutido seriamente na última vez em que nos encontramos, queria muito que viajasse comigo para o Brasil.

Em dado momento, parei, fiquei admirando uma bela mulher loira que por ali passava. Tinha corpo esguio, olhos azuis, cabelos encaracolados como os de um "anjo". Não resisti e segui-a.

– Boa-tarde, senhorita!

Ela me olhou, assustada, com a voz trêmula, e falou:

– Boa-tarde, senhor!

– Permita-me apresentar-me. Chamo-me Ramón Carreras. Peço-lhe desculpas pelo atrevimento, mas não resisti aos seus olhos!

Ela, visivelmente envergonhada, abaixou a cabeça, estendi minha mão a ela, que correspondeu. Beijei sua mão.

– Qual sua graça, senhorita?

– Chamo-me Andrea, senhor Carreras!

– Por favor, senhorita Andrea, chame-me de Ramón, apenas!

Ela me olhou, sorrindo. Seu sorriso emitia uma luz que me ofuscava a visão. Era algo com o qual eu não estava acostumado. Tânia era, assim como eu, uma mulher que caminhava a passos largos rumo à negatividade. Porém, aquela bela mulher loira tinha algo que era novo para mim: um olhar firme e positivo. E aquilo, apesar de estranho, parecia-me muito bom.

– Permita que eu a acompanhe, senhorita Andrea?

– Vou ao encontro de meu pai, senhor Carreras, e, peço-lhe desculpas, mas não acho prudente, se é que me entende?

– Entendo perfeitamente, senhorita Andrea! Mas, insisto: podemos nos encontrar em outro momento?

Ela falou:

– Todos os dias, a esta hora, vou à Catedral da Virgem do Rosário para fazer minhas orações. Agora, se me permite, senhor Carreras, preciso encontrar meu pai. Foi um prazer conhecê-lo.

Segurando seu belo vestido florido, ela saiu a passos largos. Eu, em tom baixo, falei:

– Vá, senhorita Andrea, nos veremos em breve!

À noite, na taberna, Tânia servia-me sorrindo. Bebi algumas garrafas de vinho e aguardei que o estabelecimento fechasse, a fim de acompanhá-la.

À frente de sua casa, abracei-a e falei:

– Amo muito você, Tânia, e quero que me perdoe por ter explodido daquela forma na última vez.

– Amo muito você também, meu Ramón! Perdoe-me você. Tenho estado muito voltada para meus problemas e deixado você de fora da minha vida.

Beijamo-nos. Passamos aquela noite juntos. Percebi que ela me tratava, naquela noite, de um modo muito especial, como nunca antes.

Pela manhã, durante a refeição, falou-me:

– O que você fez nesses dias em que não nos vimos, meu amado?

– Nada demais, amada, apenas toquei os negócios, fiz contatos, nada além disso.

Ela me olhou firme nos olhos e perguntou:

– Você conheceu alguém, fez alguma nova amizade?

Engoli seco o pedaço de pão que comia. Pensei: "Como esta mulher sabe?". Tentei manter-me tranquilo e falei:

– Não, Tânia, por que essa pergunta agora?

Ainda me olhando firme, ela falou:

– Por que eu quero saber se você conheceu alguma outra mulher, que eu não saiba ou não conheça... Conheceu, ou não?

Olhei para o alto, fingindo tentar lembrar de algo e falei:

– Não, amada, não conheci ninguém nesse período!

Ironicamente, ela bebeu um gole de café, olhou-me e falou:

– Está bem, então!

– Só gostaria de entender o motivo desse questionamento... Pode me dizer?

– Nada demais, amado, pura curiosidade, apenas!

Fiquei martelando aquilo em minha cabeça. Como ela poderia saber de algo? Era uma bruxa bem "talhada" em seus feitiços, mas daí a saber que eu havia conhecido outra mulher e interessado-me por ela já era um pouco demais!

Tentei manter sua atenção focada em nossa viagem. E ela, de forma muito inteligente, entrou no meu "jogo". Porém, eu mal sabia com quem estava lidando e, na realidade, sem perceber, estava entrando no jogo dela.

Ainda naquele dia, à tarde, fui à Catedral. Fiquei rondando a igreja a fim de encontrar Andrea.

Após alguns minutos, avistei-a, saindo da Igreja da Virgem do Rosário.

Apressei o passo a fim de alcançá-la.

– Boa-tarde, senhorita Andrea!

– Boa- tarde, senhor Carreras! – ela falou, sorrindo, porém assustada com minha presença.

– Por favor, senhorita, chame-me apenas de Ramón!

– Creio que preciso conhecê-lo melhor, senhor Carreras, para que me sinta à vontade para assim chamá-lo!

– Perfeitamente, senhorita, que assim seja, então!

Olhei em seus olhos, assustados, e falei:

– Compreendo que fique assustada, senhorita, porém, afirmo-lhe que sou um homem de bem, um fazendeiro. Apenas gostaria de conhecê-la, conversar. Sou um homem de família e de boa formação.

– Não me interprete mal, senhor Carreras, mas temo pelo que possam falar. Villa del Rosario...

Interrompi-a:

– Sei bem do que fala e entendo suas razões, senhorita Andrea. Porém, proponho que marquemos um encontro para conversarmos, conhecermo-nos melhor. Farei uma viagem de negócios e devo voltar em algumas semanas a Santa Fé. Proponho que reflita sobre minha proposta e responda-me quando eu retornar. Posso encontrá-la sempre às tardes na Catedral, não é mesmo?

– Perfeitamente, senhor Carreras! Prefiro que seja assim, meu senhor!

– Então, assim será, senhorita Andrea! E saiba que sua beleza deixa-me por demais encantado. Seus olhos me fascinam...

Ela abaixou a cabeça, envergonhada.

Parei à sua frente, peguei sua mão, beijei-a e disse:

– Nos vemos em algumas semanas, senhorita Andrea! Tenha uma boa-tarde!

– Desejo-lhe o mesmo, senhor Carreras!

Sem levantar os olhos, ela seguiu em frente. Fiquei ali, parado, olhando aquela bela mulher que por demais me encantava. Queria descobrir seus mistérios, seus segredos. E, com certeza, conseguiria.

Capítulo 9

Uma Ímpia e Injusta Guerra

Era uma tarde chuvosa. Encontrava-me recolhido em minha casa.

Pensava na viagem que aconteceria em três dias.

Sabia que Samir contava comigo para aquela empreitada, pois se tratava de uma guerra que se deflagrava entre o império brasileiro e os rebelados gaúchos, há quatro anos. E, por isso, a presença de um estrategista naquela missão fazia-se mais do que necessária.

Havia me informado com algumas pessoas sobre a tal revolução. E pude saber que onde acamparíamos, na Vila de Lages, na província de Santa Catarina, havia um forte foco de resistência ao Império e de apoio aos farroupilhas. E naquele ano, 1839 d.C., o General Davi Canabarro havia, em Laguna (que se situava no litoral sul da província de Santa Catarina), proclamado a Independência e criado a República Juliana, aliando-se aos separatistas da República Farroupilha. E tinha um forte aliado: Giuseppe Garibaldi.

Ouvira falar coisas maravilhosas sobre aquele guerreiro italiano e, mesmo sem conhecê-lo, fiquei fascinado com tudo o que soube.

Algo me dizia que minha relação e identificação com aquela revolução seria maior do que eu podia imaginar. E aquela "intuição" fazia aguçar ainda mais a minha curiosidade com relação àquele país chamado Brasil.

Estava excitado com todas aquelas possibilidades e, naquela noite, mais uma vez, custei a dormir.

Uma semana depois já nos encontrávamos nos campos de Lages.

Fomos recebidos pelo sr. Alcântara, um mensageiro do sr. Garibaldi, que nos acompanhou até o sítio onde ficaríamos instalados. Era uma propriedade grande e confortável. Na casa principal, ocupei um quarto onde ficaria com Tânia, e Samir ocupou outro. Os nossos "soldados" ficaram em uma casa menor a poucos metros daquela onde estávamos hospedados.

Após acomodarmos nossas bagagens, eu, Samir, Tânia e o mensageiro, sr. Alcântara, encontrávamo-nos na sala de visitas.

O mensageiro falou:

– Bem, meus senhores, desejo-lhes, mais uma vez, boas-vindas! Peço que descansem hoje, pois amanhã cedo deveremos reconhecer o território onde atuarão. E, se tudo correr bem, em dois dias, o sr. Garibaldi os encontrará.

Samir, muito reto e objetivo, perguntou:

– Perfeitamente. E quanto à parte em dinheiro para o pagamento dos nossos "soldados"?

– Amanhã, caro companheiro, estará em vossas mãos.

Eu nunca havia saído do meu país até então e sentia certa dificuldade em compreender algumas palavras da língua portuguesa, apesar de ser um idioma "hermano". Mas, Samir vivera muitos anos no Brasil (após ter fugido da Síria) e falava e compreendia bem aquele idioma.

À noite, após o jantar, no quarto, Tânia sugeriu que fizéssemos uma magia que nos "protegeria" naquela viagem. Estava preocupada com o fato de eu ir a "campo" naquela guerra.

Acendemos velas. Ela jogou algumas folhas secas de vegetais pelos cantos do quarto. Quando iniciou as evocações mágicas, acompanhei-a. A cada verbo citado naquela evocação, o clima ia pesando mais e mais naquele ambiente.

Ao final, sentia como se eu tivesse dificuldade para me locomover, como se estivesse preso a algo "invisível".

Perguntei a ela se sentia o mesmo. Ela sorriu de forma irônica (seu sorriso transmitia um ar de negatividade) e falou:

– Isto é normal, já estou acostumada! É porque evocamos forças muito "poderosas" para a nossa defesa.

Achei aquilo tudo muito estranho.

Pai Cipriano do Cruzeiro das Almas e o Feiticeiro Hijon observavam-nos.

O velho feiticeiro falou:

– Mestre Mago da Luz, ele poderá, a qualquer momento, ver aflorado seu "lado" mago pelo polo negativo. E isso poderá desencadear sérios problemas...

– Desencadeará, Senhor Hijon, infelizmente! Pela trilha que está rumando, parece não ter mais jeito, e isso acontecerá.

– E poderá entrar em uma batalha com esta mulher, que hoje ele tanto ama!

– É como já lhe disse, Feiticeiro Hijon. Há alguns séculos, desenrolam-se esses encontros tumultuados entre ambos. Já trabalhei aliado à Mestra Maga Tutelar dela, em outras épocas, mas, quando essas crianças querem "pular para o lado de lá", meu bom amigo, não há Mestre que os segure!

O velho feiticeiro sorriu, pensou um pouco, olhou para Pai Cipriano do Cruzeiro das Almas e falou:

– Sinto que aquele rato das trevas está se aproximando, Mestre Mago da Luz!

Meu Mestre ficou apreensivo. O velho feiticeiro prosseguiu:

– Mas, há mais alguém aproximando-se. Vejo um homem...

Pai Cipriano interrompeu-o:

– Sei de quem fala, caro amigo! É Halbor. Estive com esse espírito em um encontro não muito amigável, outro dia, no campo-santo. Ele quer levar nosso menino. E não podemos permitir. Se isto acontecer, recuperá-lo nos custará muito caro. Isso se conseguirmos!

– Eles não se aproximarão, meu bom Mestre da Luz. Garanto-lhe!

Eu e Tânia dormíamos e, à nossa volta, apareceram Shaly, o homem-rato; e Halbor, o homem que desafiara Pai Cipriano do Cruzeiro das Almas no cemitério.

O homem-rato olhava-me como que buscando uma forma de envolver-me, dominar-me e levar-me embora com ele. O outro rondava a cama. Estavam "disputando-me", mesmo sem se olharem, falarem ou estabelecerem um diálogo mental.

O Feiticeiro Hijon apareceu ao pé da cama. Emitiu uma sonora e duradoura gargalhada. O rato virou-se para ele, começou a sorrir, seus olhos brilhavam em um tom "negro". O outro homem, com um cetro preto à mão esquerda, apontou-o para o velho feiticeiro. Pai Cipriano do Cruzeiro das Almas apareceu à sua frente e novamente apontou o cachimbo em sua direção. Porém, diferentemente da outra vez, não encostou o cachimbo ao cetro. Mantendo certa distância, lançou fogo ao objeto mágico daquele espírito das trevas, desintegrando-o instantaneamente. O espírito negativado caiu de joelhos, visivelmente sem forças, olhando para o chão. Meu Mestre, olhando-o fixamente, falou:

– Quando desistirá deste objetivo mesquinho? Compreenda que não tem forças para desafiar um Mistério servidor da Evolução, da Lei Maior e da Justiça Divina. E este Mistério, ao qual eu manifesto, vive na defesa deste que, se tem dívidas a pagar, é com a Lei do Pai e não com o senhor.

O homem nada falou, continuou olhando para o chão e desapareceu.

O rato, ainda olhando fixamente para o Feiticeiro Hijon, tentou avançar naquele velho mago. Porém, em uma fração de segundos, aquele velho feiticeiro, com a mão esquerda, girou sete vezes seu cajado no ar, no sentido anti-horário, envolvendo aquele ser bestificado em uma ventania tão forte que o manteve paralisado. E, em poucos segundos, Shaly também desapareceu daquele ambiente.

O velho feiticeiro falou:

— Agora, Pai Cipriano do Cruzeiro das Almas, eu, mais do que nunca, estou realmente preocupado! Não podemos mais esperar, Mestre Mago da Luz! Vou bloquear e anular as ações de todos estes seres que perseguem seu tutelado, nosso protegido, ou poderemos perdê-lo muito rapidamente.

— Faça isso, Senhor Hijon! Mantenha-se nos limites permitidos pela Lei Maior e pela Justiça Divina, e atue em benefício dele.

Na manhã seguinte, logo após o amanhecer, eu, Samir e nossos "soldados", acompanhados do sr. Alcântara, o mensageiro farroupilha, nos encontrávamos em um ponto "estratégico", onde iniciaríamos nossas atividades naquela guerra.

O mensageiro falou:

— Senhores, temos informações de que, neste momento, soldados do Império reúnem-se em Rio Negro. São homens vindos do Rio de Janeiro e do Paraná. Estão fortalecendo-se. Passarão por aqui, pois seu destino é Porto Alegre. Porém, informo que alguns homens nossos se juntarão aos vossos para atuarem no suporte que precisam para impedir a passagem desses imperalistas.

Samir olhava para ele. Eu ouvia-o, mas também observava o território.

Olhei para ele e falei:

— Preciso reconhecer todo o terreno. Você pode acompanhar-me?

– Perfeitamente, Comandante Carreras! – falou o sr. Alcântara.

Andamos por uma extensa faixa de terra. Quando retornamos, falei para Samir:

– Precisamos desenhar nossa estratégia, companheiro!

E, em poucos minutos, encontrava-me sentado ao lado de Samir e do sr. Alcântara, desenhando e mostrando a eles meu plano estratégico para impedir a passagem dos soldados do imperador D. Pedro II pelos Campos de Lages, na sua trilha com destino a Porto Alegre.

Era 1839 d.C. Havia, recentemente, ocorrido a queda de Laguna, e a recém-proclamada República Juliana, pelo General Davi Canabarro, não resistira à força e ao poder bélico do Império. E os farroupilhas, derrotados, dirigiam-se para Lages como outro caminho para retornar ao Rio Grande do Sul. Porém, as tropas imperiais reuniram-se em Rio Negro, onde acamparam em outubro de 1839, deslocando-se, imediatamente, para Santa Cecília.

O objetivo do governo imperial era retomar Lages e, em seguida, dirigir-se para Porto Alegre.

No dia seguinte, nosso terceiro dia em solo brasileiro e segundo dia de trabalho, o sr. Alcântara chegou acompanhado de um homem que, pelo seu porte, deveria ser um dos comandantes da revolução. Tinha um olhar altivo, um semblante firme e um sorriso ao rosto.

– Senhores, este é nosso comandante, senhor Giuseppe Garibaldi!

O comandante Garibaldi tirou o chapéu, colocando-o ao peito, e falou:

– Comandante Samir, Comandante Carreras, é uma honra para nós tê-los entre os nossos, nesta revolução! Saibam que temos lutado arduamente contra o imperialismo aqui neste país.

Queremos uma democracia real, uma república que realmente dê voz a seu povo...

Ficamos ouvindo aquele comandante que prosseguiu falando sobre os objetivos da Revolução Farroupilha.

Eu fiquei olhando-o, admirado. Alguma coisa nele lembrava algo que havia em mim, mas que eu não sabia exatamente identificar. Estar à frente de Giuseppe Garibaldi era, mesmo que inconscientemente, um retorno ao passado.

O Comandante Garibaldi despediu-se de nós. Passou-nos muita confiança. A partir daquele momento, nossa tropa, além dos homens do sr. Garibaldi, que com ele chegaram e por lá ficaram, não mais sairia daquele território.

Eu e Samir revezávamo-nos, especialmente à noite, para que pudéssemos descansar. E, naquela noite, pude ir à casa onde estávamos.

Conversava com Tânia.

– Meu amado, preocupa-me muito toda esta situação!

– Tânia, estamos bem amparados. Além do mais, eu montei uma ótima estratégia!

– Confio em você, Ramón, mas algo me diz que haverá uma falha. Pode ocorrer uma surpresa...

Interrompi-a com uma gargalhada. E falei:

– Impossível, Tânia! Você, realmente, não conhece minha estratégia e, mesmo que venha a conhecer, não a compreenderá – falei, em tom arrogante.

Ela apenas disse:

– Então, está bem!

Havia um ingrediente com o qual eu não contava. O Império reunira 1.500 homens que avançavam para Lages. E, além disso, nossos "soldados" recrutados por Samir tinham experiência em saques, roubos e pequenas "lutas" campais em Santa Fé e outras províncias da Argentina. Uma guerra como aquela exigia muito "fôlego" de quem dela participasse. E eu, do alto da minha prepotência, pouco sabia e muito pensava que conhecia.

Na verdade, Samir, com suas relações, soube vender muito bem o "peixe" aos farroupilhas, dando a entender que tínhamos uma experiência não condizente com a realidade.

E, quando fomos atacados naquele território, perdemos muitos homens. Dos "soldados" recrutados por Samir, apenas sete sobreviveram. Até mesmo Pablo, seu braço direito, faleceu naquela luta.

Percebendo que minha estratégia havia falido, pensava em uma solução. Afinal, eu, Ramón Carreras, não poderia sair por baixo daquela revolução e deveria tirar alguma vantagem daquilo tudo.

Samir fora firmemente cobrado pelo mensageiro do sr. Giuseppe Garibaldi, que percebera que, em realidade, não possuíamos todos os "ingredientes" que ele dissera.

Muito consternado, Samir procurou-me para conversar:

– Velho companheiro, nunca imaginei que passaríamos por isso! Eu, realmente, estava muito confiante e vendo nesta guerra uma grande oportunidade, que mudaria nossas vidas.

Eu, do alto da minha arrogância, jamais poderia admitir qualquer tipo de frustração. Falei:

– Ora, Samir, essas coisas acontecem! Temos, na verdade, é que tirar o melhor proveito disso tudo – ele me olhava seriamente. Prossegui: – E, apesar de tudo o que aconteceu, caro amigo, mantive contatos com alguns homens do imperador D. Pedro II. Temos a possibilidade de rumar junto com alguns deles para o Rio Pelotas. Estou por demais curioso para conhecer esta terra toda; o Brasil parece-me um lugar muito fascinante!

– Você está maluco, Ramón! – falou Samir, aos berros.

Fiquei olhando-o e nada falei. Ele prosseguiu:

– Temos um acordo com os farroupilhas. É uma parceria que pode nos render muitos frutos. Não podemos traí-los agora!

— Ora, Samir, entendo seu ponto de vista, mas acho que foi aí que erramos! Deveríamos, desde o início, ter-nos aliado ao Império; afinal, o Rio Grande do Sul é só uma das províncias deste país, que é enorme! Ao lado das forças imperiais, podemos expandir nossos negócios por este país continental.

— Eu não aceito este tipo de atitude, Ramón!

Ele deu as costas, montou em seu cavalo e partiu.

À noite, na casa onde estávamos hospedados, não nos falamos. Deveríamos partir em dois dias, deixando aquela propriedade.

Estranhamente, naquela noite, observava Tânia dormindo e, pela primeira vez, nutria por ela um sentimento de antipatia.

Pensava em continuar aquela viagem pelo Brasil sem ela. Lembrei-me de Andrea, de seus belos olhos azuis, seu sorriso iluminado, seu ar angelical. E, logo em seguida, olhei para Tânia dormindo e tive a plena certeza de que não queria mais viajar com ela.

Eu estava, concomitantemente, rompendo minha parceria com Samir e meu relacionamento com Tânia (mesmo que ela ainda não soubesse).

Na manhã seguinte, após a refeição matinal, chamei-a ao quarto dizendo que precisávamos conversar.

Expliquei a ela que partiria para uma viagem pelo sul do Brasil e que ela não poderia continuar acompanhando-me.

Ela, enlouquecida, falava comigo aos berros.

— Você me tirou de Santa Fé, fez-me sair do trabalho! Disse que queria ficar comigo e agora, simplesmente, dispensa-me desta forma? Quem você pensa que é, Ramón Carreras?

Eu estava sentado à cama, enquanto ela, como uma "louca", andava de um lado para outro, olhava-me com ódio e berrava.

— Tânia, controle-se, só estou dizendo a você que seguirei em missão e é complicado e perigoso você continuar me acompanhando!

Já em tom mais calmo, ela falou:

– Pois bem, Ramón Carreras! Quando eu disse a você que seria uma loucura acompanhá-lo nesta viagem, você insistiu para que eu assim fizesse. Fez com que eu parasse minha vida e, agora, vem me dizer isto? O que está havendo, Ramón? Tem algo que você não está me contando, tenho certeza!

– Não é nada disso, Tânia!

– Tem a ver com a mulher loira que você conheceu em Santa Fé, não é mesmo?

Fiquei pasmo, senti um frio no estômago. Pensei: "Como ela sabe?". E perguntei a ela:

– De que mulher você está falando?

– Você sabe muito bem de quem falo!

Achei melhor não negar mais. E disse:

– Eu apenas conversei com aquela senhorita, Tânia!

– Não minta, Ramón, não minta para mim! Eu sei o que quiser sobre você. Dei a você meu amor e agora recebo sua ingratidão em troca.

Fiquei olhando-a e nada falei.

Com ódio, ela me falou:

– Eu vou acabar com você!

E avançou em mim.

Segurei seus braços, mas ela tinha uma força irreconhecível. Então, joguei-a na cama. Ela voltou a avançar em mim. Esbofeteei-a até que caísse ao chão chorando, com o nariz sangrando.

Saí do quarto, fui para a sala de visitas. Samir, apressado e com semblante preocupado, apareceu na sala. Perguntou:

– O que está acontecendo?

Irritadíssimo, olhei para ele e, berrando, falei:

– Não se meta nisso! E saia da minha frente antes que eu acabe com você também!

Ele sorriu, ironicamente, e falou:

— Você está nervoso, Ramón! Depois, conversaremos com calma.

E retirou-se da sala. Eu estava possesso. Queria "degolar" alguém. Não entendia como aquela mulher, Tânia, conseguia manter controle sobre a minha vida. E, se havia uma coisa que me incomodava muito, era quando sentia que alguém me controlava ou tolia minha liberdade. Pensei: "Esta mulher verá, a partir de agora, com quem está lidando! Ou ela some da minha vida ou eu acabo com ela!".

Do lado etérico, observando o desenrolar de toda aquela situação, Pai Cipriano do Cruzeiro das Almas e o Feiticeiro Hijon, visivelmente preocupados, trocaram olhares apreensivos.

— Agora, Senhor Hijon, como já sabíamos, nossa atenção deverá ser redobrada! A batalha entre ambos está travada. E, infelizmente, há muita mágoa oriunda da última encarnação. Isso poderá ser o fator decisivo para mais um "fim" trágico entre eles.

— Tenho percebido isso, Mestre Mago da Luz, e já posso ter uma ideia de como foi trágico o encontro de ambos na encarnação anterior, o que faz a situação, no atual momento, tornar-se ainda mais preocupante!

— Com certeza, meu bom amigo, com certeza!

— Bem, continuemos trabalhando. Não há outra alternativa, Mestre Mago da Luz!

Pai Cipriano do Cruzeiro das Almas sorriu, abaixou a cabeça, como que refletindo. Na verdade, recebia uma mensagem telepática. Olhou para o Feiticeiro Hijon e falou:

— Senhor Hijon, as instâncias superiores do Divino Trono da Evolução chamam-me para uma reunião que ocorrerá nas próximas horas.

— O Mestre Mago da Luz acha que já pode ser...?

— Realmente, não sei, Feiticeiro Hijon! Pode ser o que estamos pensando e já aguardamos, mas somente após esse encontro saberei do que realmente se trata. Porém, caro companheiro, seja este ou não o objetivo do encontro, sinto que tem como finalidade informar-me sobre uma nova decisão, um novo rumo para este caso do meu menino.

Pai Cipriano do Cruzeiro das Almas estava visivelmente triste, decepcionado e preocupado. Saiu daquele ambiente, volitou até uma cachoeira. Lá chegando, foi até a beira do rio, ajoelhou-se, tocou a mão esquerda no barro. Pensou: "Se eu pudesse, agora, com a permissão da Lei Maior e da Justiça Divina, tomaria a frente neste caso. Se já é certo que ele deverá 'descer' quando desencarnar, ainda não é certo que ficará sob o domínio de algum senhor das trevas. Preciso convencer as instâncias superiores de que somente uma correção por mim monitorada poderá realmente recuperá-lo. Esse será meu grande desafio!".

Naquele ponto natural de forças, Pai Cipriano do Cruzeiro das Almas, meu Mestre Mago Tutelar, decidia que daria a última e decisiva cartada na sua incansável "teimosia" em recuperar-me e recolocar-me de volta na estrada que leva a Deus, nosso Pai Maior e Divino Criador.

Capítulo 10

Um País Chamado Brasil

Partimos daquela estância, na Vila de Lages. A decepção para conosco era visível no semblante do sr. Alcântara.

Eu parti sozinho, sem me despedir de Tânia e Samir, que retornariam para Santa Fé.

A alguns quilômetros dali, encontrei alguns homens que me conduziriam na trilha que levava à província de São Pedro do Rio Grande do Sul.

Durante o trajeto, enquanto cavalgava, admirava as belezas naturais daquele lugar. Já em território gaúcho, pude ver a beleza dos pampas brasileiros, as extensas criações de gado de corte, que por demais me fascinavam, além de plantações de soja e arroz.

Chegamos, após alguns dias, ao sul daquela província. Por lá, ficamos três dias. Os homens que me guiavam eram missionários religiosos, que levavam a palavra de Deus a alguns recantos daquele país continental chamado Brasil. E eu, em verdade, não acreditava em nada daquilo, mas fingia ser um cristão, a fim de obter a confiança deles e poder viajar por todo aquele território que, a cada passo, "enchia" meus olhos com sua beleza.

De lá, fomos para Porto Alegre, a capital da província de São Pedro do Rio Grande do Sul.

E, naquela cidade, pude experimentar sensações que nem em Santa Fé, minha terra natal, eu havia sentido.

No meu primeiro dia na capital daquela província, amarrei meu cavalo em uma árvore próxima ao Rio Guaíba e fiquei ali, admirando o horizonte. Era final de tarde e o pôr do sol daquele lugar, da forma que vi naquele dia, ficou gravado em minha memória em uma lembrança que levarei para sempre, onde quer que eu esteja.

Transitei por algumas ruas, naquela cidade, admirava suas construções. Rua da Praia (atual Rua dos Andradas), Rua Formosa (atual Rua Duque de Caxias), Rua da Varginha (atual Rua Demétrio Ribeiro) e a Rua do Arvoredo (atual Rua Fernando Machado) foram algumas pelas quais passeei, conhecendo e, até mesmo, "reconhecendo" aquele lugar.

De Porto Alegre, partimos para uma viagem mais longa, rumo à Ilha de Nossa Senhora do Desterro (atual Florianópolis), capital da província de Santa Catarina.

Fiquei lá apenas um dia e, com outros missionários religiosos que me foram apresentados por aqueles os quais eu acompanhava, parti rumo à capital da república, a cidade do Rio de Janeiro.

Após alguns dias, naquela viagem cansativa, chegamos àquela cidade e, assim que nela entramos, lembro-me ter experimentado uma sensação de êxtase como nunca antes em toda a minha vida.

Passeei pelo Paço Imperial, admirando aquela baía. Diferentemente do que já tinha visto, o mar, naquele lugar, tinha uma pujança tão grande, que ficaria difícil imaginar o Rio de Janeiro sem ele.

Experimentei, no Rio de Janeiro, uma vibração que me fazia muito bem. E, em toda a minha vida, não havia sentido ainda, em lugar algum, nem mesmo na minha "Ilustre e Fiel Villa del Rosario", aquela sensação que me era muito benéfica.

Por lá ficamos seis dias e pude passear bastante e conhecer a capital brasileira.

Incomodava-me a forte presença de escravos naquele lugar (assim como em todos os lugares do Brasil que eu passara naquela expedição). Porém, o Rio de Janeiro era uma cidade muito maior do que todas pelas quais passei e a presença daquelas pessoas saltava-me aos olhos.

Ao meu lado, Pai Cipriano do Cruzeiro das Almas observava-me atentamente. Cada passo dado por mim, cada pensamento, cada sensação, eram vigiadas e avaliadas por meu Mestre, o Preto-Velho Mago.

Ele pensou: "Observe tudo o que está à sua volta. Guarde em sua memória o que viu aqui e em outros lugares deste país, pelos quais passou. Um dia, em um outro momento, afixado em uma outra faixa vibratória, bem mais elevada do que esta, você poderá 'saborear', de fato, estas boas sensações que sente agora".

No Rio de Janeiro, fiz contatos importantes para os meus negócios. Ainda não havia parado para pensar que, sem Samir, eu acabaria perdendo todo o potencial bélico e humano para os ataques, saques e roubos que promovia. Se eu era um ótimo estrategista, por outro lado, não sabia lidar com aqueles homens como Samir, que, como um especialista, parecia falar o "idioma" deles.

Porém, naquele momento, detive-me a aproveitar o fato de estar na capital do maior país da América do Sul e fazer muitos contatos. E pude perceber que muitos "negociantes" no Rio de Janeiro tinham bastante interesse em obter, especialmente, carne bovina do meu país.

Saímos do Rio de Janeiro rumo a Minas Gerais. Sentia vontade de voltar em breve e "viver" melhor aquele lugar.

Após algumas horas cavalgando, paramos em uma casa na estrada que, segundo um dos missionários, era de um "irmão" também missionário.

Fomos bem recebidos por aquele homem. Era casado com uma mulher de pele jambo, cabelos lisos longos, com dentes alvíssimos e um sorriso iluminado.

Ele se chamava Artur; ela era chamada por todos de dona Santa. Tinham um pequeno filho, de aproximadamente 4 anos de idade.

Ficaríamos, naquela noite, em uma casa que mantinham nos fundos daquele terreno.

Como para Ramón Carreras a vida nunca teve graça sem perigo e aventura, passei a flertar com dona Santa.

Era uma mulher belíssima, de aproximadamente 30 anos, corpo bem definido e volumoso, o que mais me fascinava. Ela correspondia aos meus flertes.

Na manhã seguinte, acordei-me muito cedo (na verdade, mal havia conseguido dormir) e encontrei-a preparando a refeição matinal.

Conversamos. Agradeci a ela pela hospitalidade. Falava pausadamente a fim de que ela me compreendesse. Pude perceber que ela estava fascinada por mim, com meu idioma e sotaque. Era uma mulher que não estava acostumada com visitas de estrangeiros. Confessou-me, inclusive, que sonhava em conhecer o Rio de Janeiro, mas seu marido não queria que isso acontecesse. E eu senti nela uma mágoa por aquela condição.

Disse a ela:

– Eu posso, dona Santa, levá-la para conhecer o Rio de Janeiro!

– Senhor Ramón, não me interprete mal, não foi isso que quis dizer. Devo obediência ao meu marido e não posso fazer isso!

Olhei no fundo dos olhos dela e falei:

– Percebo que não precisarei insistir muito para que isso aconteça...

Ela sorriu, abaixou a cabeça, olhando para o fogão. Mantendo a cabeça baixa, ela falou:

– Artur sai em missão dentro de três dias. Deve ficar dez dias fora. Porém, há meu filho, com quem posso deixá-lo?

– Pense, dona Santa, a senhora encontrará uma solução, tenho certeza.

Pensei um pouco e, em seguida, falei:

– Façamos o seguinte: em uma semana, ao meio-dia, aguardo-a logo após a próxima propriedade destes arredores no sentido sul. Até lá, terá condições de resolver suas questões. E eu a presentearei levando-a para conhecer o Rio de Janeiro.

Naquele dia mesmo, partirmos. No dia seguinte à nossa partida, despedi-me dos missionários, agradecendo a eles por toda hospitalidade e boa vontade em auxiliar-me, dizendo que precisava voltar para meu país, pois tinha negócios pendentes.

Porém, na verdade, acabei cavalgando sem destino naquele dia. À noite, bati à porta de uma casa pedindo hospedagem e oferecendo dinheiro. Era uma família bem humilde, que aceitou prontamente. Consegui, com meu senso estrategista, memorizar o caminho que me levaria de volta e ao encontro de dona Santa. E, na casa daquela família, eu fiquei por cinco dias.

Na semana seguinte, já aguardava dona Santa no local combinado. Ela não tardou a chegar.

Cumpri minha promessa, levando-a ao Rio de Janeiro, onde ficamos por três dias, hospedados em um pequeno hotel, propício e suficiente para nós dois. Acabei seduzindo-a rapidamente.

Pela manhã, em nosso terceiro dia no Rio de Janeiro, ela dormia abraçada a mim. Eu olhava para o teto. Pensei: "Esta mulher brasileira é linda demais! Mas eu quero conhecer melhor Andrea!".

Naquele momento, passei a pensar intensamente naquela bela mulher com ares angelicais que eu conhecera em Villa del Rosario.

Do lado etérico, Pai Cipriano do Cruzeiro das Almas e o Feiticeiro Hijon, preocupados, conversavam:

– Ele está se metendo em mais uma confusão, Mestre Mago da Luz!

– Eu sei, Senhor Hijon! Porém, com tudo o que está fazendo, só está adiantando o momento em que a Lei do Pai dará como limite para esta sua encarnação. E, sendo bem sincero, e sabendo que não há mais o que fazer nesta etapa da jornada dele para recuperá-lo, aguardo resignadamente este momento, pois sinto que será a partir dele que terei condições de promover as mudanças que se fazem necessárias.

– Compreendo, Pai Cipriano do Cruzeiro das Almas, e, com o passar do tempo, estou concordando ainda mais com o senhor.

O Preto-Velho Mago pitou seu cachimbo, sacudiu a cabeça afirmativamente. Ambos continuaram, em silêncio, observando-me.

Naquele dia, partimos do Rio de Janeiro. Sentia nela uma mulher "apaixonada" por mim. Estava, na verdade, fascinada com tudo o que eu lhe proporcionara, pois vivia no interior e nunca tinha visto o mar. Vivia em função do marido e de sua missão religiosa. Não foi nada difícil, para mim, conquistar aquela mulher.

Quando chegamos à porta da casa dela, ouvimos um choro de criança. Ela entrou correndo, fiquei lá fora, observando o que acontecia.

Percebi que discutia com um homem. Aproximei-me lentamente da propriedade, a fim de ver o que estava acontecendo.

Seu pequeno filho chorava e seu marido, transtornado, gritava com ela.

Eu, escondido, pela janela, observava tudo. Ela chorava copiosamente, não conseguia falar. Ele pedia explicações a ela. A mulher com a qual ela havia deixado o menino localizou seu marido em viagem, "denunciando-a", dizendo que ela havia fugido e abandonado o filho.

Em dado momento, Artur perguntou:

– Santa, o que houve com você? Onde esteve? Por que você fez isso?

Ela somente chorava, estava desesperada, como se tivesse acordado de um belo sonho, que, instantaneamente, após o despertar, tornou-se um pesadelo.

Fiquei rondando aquela propriedade e, mais uma vez, não dormi.

Pela manhã, vi quando ela saiu da casa para buscar mantimentos em um pequeno galpão que havia naquele terreno. Assoviei. Ela me viu. Apavorada, fazia sinal para que eu fosse embora. Porém, entrei no terreno e me dirigi até onde ela estava.

Aproximei-me dela, que imediatamente falou:

– Vá embora, Ramón. Esqueça tudo o que houve. Foi um grande erro!

– De modo algum. Você não está bem e seu marido pode fazer algo a você!

– Ele não fará, garanto-lhe! Com o tempo, contarei tudo a ele e tenho certeza de que me perdoará. É um homem bondoso e religioso.

Compreendi o que ela dissera e decidi sair dali, deixando-a em paz. Porém, foi exatamente naquele instante que Shaly, o homem-rato, começou a correr à minha volta. Pensei: "Uma mulher que esteve nos braços de Ramón Carreras é uma mulher de Ramón Carreras!".

Olhei para ela e falei:

– Temo pelo que possa acontecer com você, Santa! Vou protegê-la.

Ela começou a chorar, pedindo para que eu fosse embora.

Artur, percebendo movimentos estranhos, foi à rua. Encontrou-me conversando com ela, que ainda chorava muito.

– Bom-dia, senhor Carreras. O que faz por aqui?

Olhei para ele emitindo um ar de "guerra". Rapidamente, aquele homem entendeu tudo o que estava acontecendo. Olhou para ela e falou:

– Então foi isso o que aconteceu, Santa? Você cedeu às tentações do demônio e caiu nas garras deste homem?

Ela, desesperada, chorando copiosamente, correu até ele, ajoelhando-se aos seus pés. Dizia:

– Perdoa-me, meu marido, perdoa-me!

Shaly começou a correr ainda mais rapidamente à minha volta. Então, em tom alto, falei:

– Não faça isso, Santa, não se humilhe para este homem que a oprime! Venha embora comigo. Posso dar o "mundo" a você!

– Como ousa falar assim com minha mulher, senhor Carreras?

Artur afastou-a e foi em minha direção, deu-me um soco. Eu caí no chão, mas rapidamente me levantei e comecei a bater nele. Lutamos durante alguns minutos. Santa berrava:

– Parem, pelo amor de Jesus Cristo!

O pequeno menino chorava assistindo àquilo tudo.

Ele estava com o rosto ensanguentado. Eu também.

Corri até meu cavalo, que se encontrava do lado de fora da propriedade.

Eles pensaram que eu estava fugindo. Porém, fui buscar em uma bolsa meu revólver. Entraram em casa.

Voltei ao interior do terreno. Shaly acompanhava-me conduzindo como um "maestro" aquela tragédia. Meti o pé na porta e entrei na casa.

Todos me olharam apavorados, olhos arregalados. Quem pudesse me ver naquele momento, perceberia o quanto eu estava transtornado.

Apontei a arma para Artur e falei:

– Eu vou levá-la comigo, agora!

– Senhor Carreras, o senhor está louco! Pelo amor de Deus, em nome de Jesus, deixe-nos em paz, vá embora! O senhor já destruiu nossas vidas. O que mais quer? – disse aquele homem, nitidamente apavorado.

Santa chorava, berrava. Colocou-se à frente do marido e suplicou-me:

– Pelo amor de Deus, vá embora! Foi um grande erro! Por favor, deixe-nos em paz!

Engatilhei o revólver e falei:

– Só saio daqui com você, Santa! Vou tirá-la desta vida medíocre e levá-la comigo para conhecer o mundo.

– Eu não quero, Ramón! Quero viver com minha família, ficar em paz com meu marido e meu filho!

Artur tirou com violência Santa de sua frente, que caiu ao chão. O menino chorava sem parar. Estava irreconhecível e, como um touro, avançou em mim, desarmando-me. Caímos no chão, lutando novamente.

Santa pegou o revólver, tentando apontá-lo para mim enquanto lutávamos.

Levantei, esbofeteei-a e peguei o revólver da sua mão. Rapidamente me virei e vi Artur avançando na minha direção. Atirei, acertando-o no pescoço e matando-o.

Santa e a criança desesperaram-se. Naquele instante, tive um lapso de consciência e tentei salvá-lo, mas não havia mais o que pudesse ser feito.

O menino chorava muito. Ela, chorando, berrava:

– Assassino, você matou o meu marido! Assassino!

Desesperado, perdido e desorientado, corri para o meu cavalo e fugi daquele lugar. Precisava sair logo do Brasil. Ainda levaria alguns dias viajando, até atravessar a fronteira, mas também sabia que naquele lugar onde tudo acontecera, até que ela conseguisse socorro e me denunciasse, eu já estaria bem longe.

O Feiticeiro Hijon, decepcionado, olhou para Pai Cipriano do Cruzeiro das Almas e falou:

– Era o que eu temia, Mestre Mago da Luz!

– Eu também, Senhor Hijon! Porém, ele escolheu este caminho e nesta lama está se afundando cada vez mais. E, em um caso como este, pouco podemos fazer.

– A não ser aguardar pela determinação da Lei! – falou o velho feiticeiro.

Pai Cipriano do Cruzeiro das Almas sacudiu a cabeça afirmativamente. Oito dias após aquele acontecimento trágico, encontrava-me novamente em minha casa, "são e salvo", na minha Villa del Rosário.

Porém, apesar da tragédia que findou minha viagem, estava por demais fascinado pelo Brasil. Os negócios que iniciei lá não me afastariam mais daquele país, por um tempo, inclusive, bem maior do que eu poderia imaginar.

Em casa, pensava também em procurar Tânia, conversar. Estava muito confuso. Não sabia se ainda a amava. Pensava muito em Andrea. Precisava conversar com Samir. Não seria recomendável eu manter um inimigo do porte de Samir no lugar onde eu vivia. E ainda havia o sr. Valdinez. Precisava ter muito cuidado com tudo à minha volta.

Confuso, inquieto, solitário e bebendo muito vinho, passei mais uma noite sem dormir.

Após muito beber, passei a ter uma única certeza: procuraria Andrea, queria conhecê-la melhor, queria-a em meus braços.

Capítulo 11

O Momento Decisivo Aproxima-se

Pai Cipriano do Cruzeiro das Almas encontrava-se no salão de reuniões do Divino Trono da Evolução, no campo- -santo. Conversava com Mestre Gehusyoh.

– Caríssimo Senhor Gehusyoh, pressinto que as informações que me serão passadas hoje serão definitivas.

– Realmente serão, Senhor Pai Cipriano do Cruzeiro das Almas! Porém, há alguns detalhes, para os quais peço sua total atenção, pois o Divino Trono da Evolução tem acompanhado a caminhada de seu tutelado, tem percebido as suas frustrações e anseios por pouco poder auxiliá-lo, Mestre Mago da Luz, e, por isso, informo-lhe que o que será determinado aqui hoje deverá ser cumprido à risca, como tudo sempre, e como é de sua praxe, obviamente. Mas, se temos em mãos um caso delicado, devemos ter consciência de que, daqui para a frente, tudo será muito delicado. E, sendo assim, todo o cuidado é pouco.

– Compreendo, Senhor Gehusyoh!

– Antes que cheguem os representantes dos Divinos Tronos envolvidos nesta reunião, preciso lembrá-lo de que o que acontecerá aqui não deverá chegar ao conhecimento de quem quer que seja, nem mesmo do Senhor Feiticeiro Hijon, que atua, neste momento, auxiliando-o.

– Tenho plena consciência disso, senhor mediador.

Em poucos minutos, adentraram àquele ambiente o Senhor Guardião do Divino Trono da Lei e o Senhor Guardião do Divino Trono da Justiça. Logo em seguida, apareceu perante todos o Senhor Mensageiro do Divino Trono da Evolução.

O mediador Gehusyoh falou:

– Senhores representantes dos Divinos Tronos envolvidos neste caso, passo, neste momento, a palavra ao Senhor Mensageiro do Sagrado Pai Obaluayê.

O Mensageiro do Trono da Evolução começou a falar:

– Senhor Guardião do Divino Trono da Justiça, Senhor Guardião do Divino Trono da Lei, Senhor Mediador Gehusyoh, Senhor Mestre Mago da Luz Pai Cipriano do Cruzeiro das Almas, trago uma mensagem do nosso Divino Pai Obaluayê, colocando o que foi determinado pelo Senhor Máximo da Justiça Divina, o Sagrado Pai Xangô, e que será executado pelo Senhor da Ordem e da Lei Divina, o Sagrado Pai Ogum, por intermédio de suas hierarquias terrenas. Antes de ler a mensagem, peço que, ao final, os senhores Guardiões destes Divinos Tronos, aqui presentes, atestem seu teor e conteúdo. Vamos a ela:

"Senhores presentes a esta reunião. Senhor Guardião do Divino Trono da Justiça, atuante sob a irradiação do meu irmão Xangô, Senhor Guardião do Divino Trono da Lei, atuante sob a irradiação do meu irmão Ogum, Senhores atuantes sob a minha irradiação: Mestre Gehusyoh, mediador dos assuntos referentes ao Trono da Evolução; Senhor Mestre Mago Rhady, atuante no Mistério Pai Cipriano do Cruzeiro das Almas e sob minha irradiação, serei hoje muito objetivo. Meu filho em questão, todos sabemos, vem se negativando há muito tempo, infelizmente! E tudo demonstra, aos olhos humanos, não haver mais volta ou solução para ele. Mas, como todos sabemos, Olodumaré, nosso Pai Maior, sempre reserva algo de melhor para seus filhos e, em algum momento, aqueles que seguem pelo caminho equivo-

cado, acordam, retornam e retomam o caminho do Pai. Porém, para um humano ancestralizado do Trono da Evolução, isso não deve servir de alento, pois todo filho que atua sob a minha irradiação deve ser um manifestador da qualidade evolutiva de nosso Pai Olodumaré. E, por isso, informo a todos que, em conjunto com meus irmãos Senhores da Justiça e da Lei, assim como ao lado de minha irmã Senhora do Amor, a Divina Oxum; e meu irmão Senhor da Fé, o Divino Oxalá, foi determinado que deve ocorrer imediatamente a paralisação dos negativismos que estão levando esse filho irradiado pelos Tronos da Evolução, do Amor e do Conhecimento, antes que ele seja entregue a algum de nossos polos negativos, dificultando ainda mais o trabalho de seus Mestres e Guardiões na sua recuperação. Meu irmão Omolu, Divino Trono Cósmico da Geração, já recebeu de meu irmão Oxalá a incumbência de, no dia e hora determinados, paralisar esta etapa da jornada evolutiva desse meu filho. Portanto, senhores, a partir de agora, faz-se mais do que necessário que a guarda e vigia dele sejam redobradas, pois os 'opostos' se aglutinarão a fim de levá-lo para seus domínios. E, como todo julgamento é colocado na balança de meu irmão Xangô, pesou muito a favor de meu filho a sua essência amorosa, o seu passado dedicado à Fé, ao Amor, ao Conhecimento, à Justiça, à Lei, à Evolução (que manifesta naturalmente) e à Geração. E, em nome dos Sete Sentidos de nosso Pai Olodumaré, ficou decidido que, sob a incumbência de seu Mestre Mago Tutelar, ele ficará esgotando seus negativismos em um espaço escuro do meu campo de forças, o cemitério. E, sendo assim, sob a tutela desse Mago que atua sob a minha irradiação, deverá recuperar-se e, só então, seguir em frente no rumo que já lhe é destinado.

Desejo que todos vibrem com força sob minhas irradiações e de todos os meus irmãos Orixás, pois, só assim, estarão vivendo intensamente como quer nosso Pai Olodumaré.

E que os Axés da Evolução, da Lei, da Justiça, do Amor, do Conhecimento, da Fé e da Vida fortaleçam todos os senhores e também este meu amado filho.
Saravá!"

– Essa é a mensagem enviada pelo Divino Senhor da Evolução, nosso Amado Pai Obaluayê, senhores! – falou o mensageiro, que, em seguida, olhou para os Guardiões e prosseguiu:

– O senhor confirma o teor e o conteúdo dessa mensagem, Senhor Guardião do Divino Trono da Justiça?

– Confirmo a integralidade do conteúdo e da sentença emitida pelo Amado Pai Xangô – falou aquele Guardião.

O mensageiro voltou a perguntar:

– O senhor confirma o teor e o conteúdo dessa mensagem, Senhor Guardião do Divino Trono da Lei?

– Confirmo e afirmo que a Espada do Sagrado Pai Ogum atuará de modo a impedir o prosseguimento do processo de negativação deste espírito humano.

– Então, senhores aqui presentes, dou por encerrada a minha participação nesta reunião – disse o Mensageiro do Pai Obaluayê.

Mestre Gehusyoh falou:

– Bem, meus senhores, mais alguma colocação ou questionamento?

– Quando será, exatamente, o dia e a hora do desencarne dele, Senhor Gehusyoh? – perguntou Pai Cipriano do Cruzeiro das Almas.

– No mesmo dia e hora que estavam determinados no seu livro da vida para entrar no ciclo da prosperidade espiritual, caso não se negativasse e tivesse adiantado, por causa disso, seu desencarne.

Pai Cipriano do Cruzeiro das Almas sacudiu a cabeça afirmativamente.

O Mensageiro da Evolução e os Guardiões da Justiça e da Lei Divina retiraram-se rapidamente daquele ambiente. Pai Cipriano olhou para o Senhor Gehusyoh e falou:

— Sinto-me aliviado com essa decisão, caro amigo! Confesso que temia pelo pior... em perdê-lo de vista e, por consequência, o controle da situação.

— Mestre Mago da Luz, meu amigo de longa data! Saiba que sua conduta e postura contaram bastante na decisão dos Senhores Orixás para que o mantivesse controlando este filho da Evolução. Parabéns, meu irmão!

Lágrimas escorreram dos olhos de Pai Cipriano do Cruzeiro das Almas.

Os Mestres da Luz despediram-se. Pai Cipriano do Cruzeiro das Almas saiu daquela reunião animado com a decisão, porém sabendo que deveria ter muita atenção à tudo a sua volta e também de seu tutelado, pois o "embaixo" prepararia uma grande investida a fim de capturá-lo.

Ele volitou para a floresta e, lá, encontrou o Feiticeiro Hijon. Explicou a ele o que estava por vir. O velho feiticeiro falou:

— Mestre Mago da Luz, já antevendo que essa decisão avizinhava-se, e tendo a sua permissão, preparei algo para protegê-lo até que chegue o momento do desencarne do nosso rapaz.

— Deixe-me ver, Senhor Hijon!

— Acompanhe-me, Mestre Mago da Luz!

O Feiticeiro Hijon levou Pai Cipriano do Cruzeiro das Almas para outro lado daquela floresta.

Enquanto isso, eu rondava a Catedral da Virgem do Rosário. Queria encontrar Andrea, vê-la e conversar demoradamente.

Em sua casa, Tânia, à frente de seu oráculo, via que estava me perdendo e, em determinado momento, viu uma escuridão que representava a morte. Apavorada, levou a mão à boca e pensou: "Meu Deus, mas isso é a morte!".

Voltou a jogar, queria saber exatamente que "tipo" de morte aquele oráculo mostrava e, sendo realmente uma morte física humana, de quem seria.

Após alguns minutos, ela tremia da cabeça aos pés. Pensou: "Eu não acredito que ele possa fazer isso... Não é possível!".

Eu já estava nervoso nos arredores da Catedral da Virgem do Rosário. Precisava falar com Andrea. Algo de muito bom naquela bela e doce mulher atraíam-me como nunca em nenhuma outra.

Após muito tempo aguardando, eu a vi saindo da igreja. Apressei o passo para alcançá-la e, assim que o fiz, falei:

– Boa-tarde, senhorita Andrea!

– Boa-tarde, senhor Carreras!

– É um prazer inenarrável vê-la, conversar e banhar meus olhos em sua beleza!

Ela abaixou a cabeça, envergonhada. Eu prossegui:

– Será que poderemos conversar?

– Amanhã, às 15 horas, em frente à igreja, de modo civilizado, como bons amigos, para que toda a sociedade veja-nos conversando sem maldade alguma. Sou uma moça de família!

– Eu não estaria pleiteando uma aproximação maior da senhorita, se assim não fosse, tenha certeza!

– E é assim que deve ser sempre, senhor Carreras!

Parei à frente dela, peguei sua mão, beijei, olhei no fundo de seus belos olhos azuis e falei:

– Então, até amanhã, belíssima senhorita Andrea!

Ela abaixou a cabeça, sorriu, voltou a me olhar e falou:

– Até amanhã, senhor Carreras!

Voltei para casa, naquela tarde, extasiado. E, para comemorar, comecei cedo, naquele dia, a beber vinho.

Ao entardecer, já me encontrava embriagado. Pensei: "Vou à taberna, para ver Tânia!".

Quando lá cheguei, sentei-me e fiquei aguardando que ela se aproximasse para me servir. Sabia qual vinho eu gostava de beber e já era praxe trazê-lo sempre quando eu lá chegava. Ela me serviu e, quando se movimentou para se retirar, eu falei:

– Você não vai falar comigo, Tânia?

– Ramón, primeiramente, eu estou trabalhando. E, também, você me abandonou em meio à viagem – olhou-me nos olhos e, ironicamente, perguntou: – Fez bons negócios?

Eu passei a taça de vinho sob o nariz (olhando fixamente para Tânia) e também ironicamente, com um sorriso ao rosto, falei:

– Fiz ótimos negócios, Tânia!

O senhor Hugo chamou-a:

– Senhorita Tânia, por favor...

Ela se dirigiu ao balcão. Naquela noite, até o fechamento da taberna, ela apenas me serviu, não mais dirigindo-me a palavra.

Mas eu estava lá e ela não sairia sem falar comigo. Fiquei aguardando até que encerrasse seu trabalho.

Quando se dirigia para casa, fui atrás dela.

– Espere, Tânia, precisamos conversar, concorda?

– Conversar o que, Ramón? Você me dispensou, abandonou-me e fez-me voltar para casa com um homem estranho.

– Não é nada disso, eu expliquei para você. Surgiram boas possibilidades de negócio e não era possível levá-la.

– Não sei se é bem isso, Ramón! Percebo que você não sabe o que quer. Se realmente me ama, como sempre diz, por que não segura o seu fogo e para de olhar e querer outras mulheres?

– Eu não olho nem quero outras mulheres, Tânia!

Ela me olhou firme nos olhos, como quem olhava no fundo de minha alma, e falou:

– Você nunca foi somente meu, Ramón! Você sempre teve outras mulheres. Eu sempre acabo me anulando por sua causa e, invariavelmente, sempre acabo, literalmente, com a minha própria vida.

– Tânia, eu não entendo o que você fala! Nem nos conhecemos há tanto tempo assim! Do jeito que fala, até parece que nos relacionamos há décadas!

Ela, sorrindo ironicamente, falou:

– Você não consegue ver, mesmo!

Apressou o passo. Apressei também, alcançando-a e peguei-a pelo braço:

– Espere, não podemos acabar assim!

– Já acabou há muito tempo, Ramón! Desde antes da viagem, quando flertou com aquela mulher loira.

Recuei. Ela parou, virou-se para mim, olhando fixamente em meus olhos, e falou:

– E saiba que as confusões em que anda se metendo vão acabar com você! Você não pode anular vidas inocentes, inclusive, do modo que está fazendo.

Virou-se para ir embora, deu dois passos, parou, virou-se novamente para mim e falou:

– O que você faz com os outros é um problema seu, Ramón Carreras, mas o que fez comigo, você pagará caro! Aguarde e verá!

Foi embora. Fiquei ali, parado, entendendo muito pouco do que ela havia falado, até porque meu grau de embriaguez naquele momento não permitia.

Voltei para casa, triste, enojado. Por que aquela mulher me tratara daquele modo?

Eu realmente pouco conseguia enxergar, até mesmo as coisas que estavam a um palmo do meu nariz.

Passei a noite pensando naquilo tudo. E decidi que, a partir do dia seguinte, apostaria todas as minhas fichas em Andrea.

Acordei rapidamente assim que o dia amanheceu. Ao meu lado, Pai Cipriano do Cruzeiro das Almas e o Feiticeiro Hijon olhavam-me.

– Muito bem, Senhor Hijon, realmente, aprovo a sua solução para protegê-lo. Por favor, aplique-a!

– Terei de aplicar mesmo, Mestre Mago da Luz. Sinto a vibração daquele rato bem próximo de nós. Ele está por perto.

– Aja, Senhor Hijon! – determinou Pai Cipriano do Cruzeiro das Almas.

Shaly rondava-me. Não podia, por estar em uma faixa vibratória muito baixa, enxergar meu Mestre e o velho feiticeiro. Em seguida, o Feiticeiro Halbor também apareceu e começou a me rondar.

Ao contrário do que acontecera na última vez, entreolharam-se e trocaram irradiações mentais. O rato iniciou o diálogo:

"Creio que, pelo que vimos aqui na última oportunidade, faz-se necessário que unamos forças, mago!"

"Pode ser, seu rato imundo...!"

"Respeite-me! Use da inteligência, se é que realmente a tem. Se não nos unirmos, não conseguiremos vencer aqueles magos bobalhões que perdem tempo cercando este imundo que nos deve."

"Você até tem razão, rato, mas depois de conseguirmos, como faremos? Dividiremos nosso prêmio ao meio?"

Shaly pensou, pensou, olhou para o feiticeiro Halbor e falou:

"Realmente, precisamos de algo que seja 'justo' para ambos. Porém, sugiro que dividamos a tutela sobre ele. Que tal?"

"De que modo, ratinho, se você vive em uma faixa vibratória muito mais baixa do que a minha? Quer que eu vá lá visitá-lo?"

"Vejo que você não quer usar da inteligência hoje! Podemos dividir a tutela sobre ele, cada um de nós atuando onde vivemos, mantendo-o aqui, entre os encarnados. Basta que dividamos as incumbências dele de modo a servir satisfatoriamente a nós dois."

"Eu não aceito acordo com você, seu rato! Sou um mago poderoso e ele é meu!"

Shaly, olhando com ódio para Halbor, tinha seus olhos brilhando trevosamente e babava pelo canto esquerdo de sua boca.

Naquele instante, o rato avançou para cima de mim. Halbor projetou seu cetro, emitindo uma onda vibratória cinza que o derrubou antes que pudesse se aproximar da cama.

E foi então que Pai Cipriano do Cruzeiro das Almas falou:
– Agora, Senhor Hijon!

O velho feiticeiro levantou seu cajado sobre a cabeça, na horizontal, segurando-o com as duas mãos. Em seguida, rodou com a mão esquerda no sentido anti-horário, projetando imediatamente sobre mim uma enorme "teia de aranha", que ultrapassava os limites da cama e chegava ao chão, onde "amarrava-se". Ambos recuaram, não conseguiam aproximar-se. O velho feiticeiro apareceu para eles e falou:

– Sumam daqui agora, seus devedores da Lei, ou envolvo vocês em uma teia, da qual levarão séculos para se desvencilhar. E creio que não queiram passar alguns séculos colados um ao outro, não é mesmo?

Halbor falou:
– Hijon, já trabalhamos juntos. Por que isso, agora?
– Acorde, Halbor, venha trilhar o caminho da luz.

O rato desapareceu naquele instante. Halbor emitiu uma sonora gargalhada e falou:

– Eu não acredito que estou ouvindo isso de você! Vamos, Hijon, divida este prêmio comigo!

— Halbor, pela última vez, vá embora! Você conhece bem minha força e meus métodos!

O feiticeiro Halbor desapareceu daquele ambiente.

Pai Cipriano do Cruzeiro das Almas, satisfeito, parabenizou o Feiticeiro Hijon.

— Pai Cipriano do Cruzeiro das Almas, devo este "mistério" a um amigo de longa data que ainda habita as esferas mais baixas da criação.

— Não importa, Feiticeiro Hijon! O importante é que funcionou, até porque, no atual estágio em que se encontra meu menino, os recursos de defesa devem ser estes mesmos.

— Sim, Mestre Mago da Luz! Mas, o mais importante agora é que nem eles ou qualquer outro ser de baixa vibração conseguirá levar nosso protegido até que a vibração mais elevada dos Divinos Tronos aproxime-se e desfaça essa teia.

— Assim será, Senhor Hijon!

Naquela manhã, acordei com dor de cabeça e sentindo-me sujo.

Tomei um banho demorado, porém, aquela sensação de "sujeira" não saía de mim. Mal sabia que aquela vibração "suja" seria a que me acompanharia até o fim.

Estava feliz porque aquele seria o dia do meu grande encontro com Andrea, mas, ao mesmo tempo, estava preocupado. Acordei com a sensação de que algo muito ruim aconteceria entre mim e Tânia. A forma como ocorreu nossa despedida deixou no ar muitas mágoas. E, eu mal sabia, mágoas que, como uma gota d'água, fizeram vir à tona outras mais antigas, de encarnações anteriores.

Às 15 horas, em ponto, aguardava Andrea em frente à igreja.

Não demorou mais do que cinco minutos para que a visse sair da igreja, trajando um belo vestido branco, com uma rosa amarela ao peito. Seus longos cabelos loiros encaracolados voavam ao vento, seu cheiro doce e suave exalava pelo ar, mesmo a distância, seus olhos azuis cintilavam e seu sorriso brilhava para mim.

Era, para mim, uma visão do paraíso. Andrea fazia-me mergulhar em uma essência que eu desconhecia, naquela encarnação, e fazia-me experimentar sensações e vibrações sutis e por demais positivas. E era isto o que mais me atraía nela, já que, cada vez mais, me negativava.

– Boa-tarde, senhorita Andrea!
– Boa-tarde, senhor Carreras!
– Aceita passear?
– Prefiro que conversemos sob aquela árvore, bem visível a todos.
– Que assim seja, senhorita!

Dirigimo-nos até debaixo da árvore. E ficamos conversando por um longo tempo. Ela me falou sobre sua vida, sua família. Falei a ela sobre minha vida (enfeitando e inventando muitas coisas, obviamente).

Ao entardecer, encontrava-me encantado por aquela mulher. E percebi que toda sua beleza exterior era uma manifestação natural da sua real e mais íntima essência.

– Preciso ir agora, senhor Carreras!
– Posso acompanhá-la, se assim preferir, senhorita Andrea!
– Melhor não, senhor Carreras!
– Posso vê-la amanhã, novamente?
– Rapidamente, na saída da igreja.
– Perfeitamente, senhorita!

Beijei sua mão, despedindo-me. Ela partiu e eu fiquei ali, por alguns instantes, admirando sua beleza e seu jeito suave de caminhar. Em seguida, montei em meu cavalo e me dirigi à minha propriedade.

Passei a encontrá-la diariamente na saída da igreja. E, após 21 dias de insistentes galanteios e pedidos, consegui convencê-la a passear comigo, em meu cavalo.

Fomos até um bosque, fora da cidade. Lá, quando a ajudava a descer do cavalo, ela escapou da minha mão e caiu. Assustei-me com aquilo, levantando-a imediatamente. Beijamo-nos.

Passei a manter um relacionamento amoroso com Andrea que, eu mal sabia, seria decisivo para o rumo que minha vida tomaria.

E ainda havia Tânia que, mesmo longe dos "meus olhos", me via e me vigiava o tempo todo.

Capítulo 12

Guerra de Feitiços e uma Armadilha

Naquele dia, Tânia deslocou-se até um bosque que se localizava na saída de Villa del Rosario. Preparava um feitiço para me paralisar. Não apenas para me anular ou me bloquear. Pensou: "Se ele não será meu, não será de mulher alguma. Aquela mulher não ficará com um homem paralítico!".

Seu semblante estava visivelmente negativado. Estava tomada por baixas vibrações.

Lá chegando, preparou o espaço mágico com folhas mortas, colocou em seu interior alguns galhos mortos de árvores, vísceras de porco, bebidas alcoólicas quentes e acendeu velas, passando a evocar magicamente forças opostas às Divinas.

Em minha casa, naquele exato momento, comecei a sentir-me mal. Tonturas, enjoos, vontade de deitar-me. E assim o fiz, deitando no chão da sala de visitas.

O Feiticeiro Hijon apareceu à minha frente e disse:

– Levante-se, não fique parado ou corre o risco de não levantar-se mais. Reaja, movendo-se bastante.

Intuitivamente, levantei-me, passei a caminhar pela casa. Pai Cipriano do Cruzeiro das Almas apareceu ao lado do velho feiticeiro.

– Veja, Mestre Mago da Luz, as vibrações negativas que estão chegando a ele.

Ao meu redor, ondas vibratórias pretas e outras acinzentadas rondavam-me e faziam-me perder as forças. Sentia como se estivesse, aos poucos, perdendo o controle sobre os meus movimentos.

E foi naquele instante que Pai Cipriano do Cruzeiro das Almas baforejou seu cachimbo, projetou-o na minha direção, fazendo sair daquele seu objeto mágico ondas raiadas alaranjadas que, de forma fulminante e instantânea, fizeram aquelas ondas vibratórias de baixas vibrações desintegrarem-se.

No bosque, Tânia caiu deitada e começou a passar mal. Pensou: "Ele não é mais forte do que eu. Vou destruí-lo!".

Pai Cipriano do Cruzeiro das Almas olhou para o Feiticeiro Hijon e falou:

– Já conseguimos, Senhor Hijon, anular a ação dos seres trevosos que o perseguem. Mas este carma que se arrasta pelo tempo não será resolvido agora, da noite para o dia; e, se não estivermos com os olhos bem abertos, poderá acontecer algo que não deve acontecer agora.

O velho feiticeiro falou:

– Tanto ela pode surpreendê-lo quanto ele a ela, Mestre Mago da Luz!

– Exatamente, meu companheiro, mas nenhum dos dois deve eliminar ao outro, sabemos disso!

– E por que o senhor não conversa com a Mestra Tutelar dela, Pai Cipriano do Cruzeiro das Almas?

– Já fiz isso, Senhor Hijon! Porém, a situação dessa Mestra é similar à nossa. Por causa da negativação de sua tutelada, tem suas conexões com ela prejudicadas... e bem prejudicadas!

– Hum... compreendo.

Sentia-me bem melhor. Sentei-me à poltrona. Pensei: "Isso não vai ficar assim!".

Pai Cipriano do Cruzeiro das Almas parou à minha frente, emitindo uma irradiação mental: "Você não deve, a partir de agora, meu menino, pensar em vingança! Procure, no tempo que ainda lhe resta, resgatar sua essência. Isto pode atenuar bastante o cumprimento da sentença designada pela Justiça Divina".

Sentado àquela poltrona, pensei: "Estou cansado disso tudo! Eu poderia vender tudo aqui e mudar-me para algum lugar do Brasil. Sinto-me cada vez mais solitário aqui em Santa Fé".

Pai Cipriano do Cruzeiro das Almas e o Feiticeiro Hijon observavam-me. Voltei a pensar: "Mas eu preciso ter Andrea ao meu lado. Se for embora daqui, perco-a para sempre".

Meu Mestre e o velho feiticeiro entreolharam-se. O Senhor Hijon perguntou:

– Se estou entendendo bem, esta doce mulher está entrando na vida dele para encaminhá-lo para onde a Lei de Deus e Sua Justiça determinaram, Pai Cipriano do Cruzeiro das Almas?

– Exatamente, Feiticeiro Hijon! Vejo que sua percepção está bem aguçada.

O velho feiticeiro sacudiu a cabeça afirmativamente.

Naquele dia, encontrei Andrea em frente à igreja e acompanhei-a até bem próximo de sua casa.

Estávamos no ano de 1840 d.C. Eu, aos 28 anos, era um fazendeiro rico, com muitos desafetos, muitos inimigos, no plano material e no espiritual.

As minhas negativações, ocorridas durante minhas últimas encarnações, chegavam ao ápice naquela encarnação, em pleno século XIX, na América do Sul. E se, por um lado, eu não tinha a compreensão clara de tudo o que passava e por que passava por aquilo tudo, em meu íntimo, eu sentia vibrações pesadas, extremamente nocivas aos meus corpos espirituais, porém passei a conviver com elas como se fossem um "órgão" do meu corpo.

Certo dia, fui à beira de um lago fazer um feitiço contra Tânia. Eu tinha absoluta convicção de que ela atuava magisticamente contra mim e, estava, naquele momento, decidido a acabar com aquilo tudo. Havia aprendido muitas coisas com ela, no que se referia à feitiçaria, e todos aqueles conhecimentos, aliados a intuições que eu recebia nos últimos dias, ironicamente, seriam usados contra ela.

Era o mês de janeiro de 1841 d.C. Meu relacionamento com Andrea ia bem. Fora apresentado à sua família e seu pai, o fazendeiro Albano, muito contrariado no início, pois conhecia bem minha fama na região, aos poucos, foi se acostumando com a ideia e me aceitando. Planejávamos casar em breve e, em hipótese alguma, eu me casaria com a doce Andrea tendo Tânia como uma "pedra no sapato".

Naquele dia, ela saiu de casa mais cedo para a taberna. No caminho, passou mal, começou a ver tudo escuro à sua frente. Pensou: "Meu Deus, o oráculo! Isso não pode ser assim! Ele me ama, não teria coragem de fazer isso!".

Decidiu que, ali, do meio do caminho, voltaria para casa.

Em casa, muniu-se de material: velas, folhas mortas, essências, e, no seu próprio quintal, abriu um espaço mágico e começou a fazer evocações contra mim.

Naquele mesmo instante, à beira do lago, montava o espaço mágico e passei a me sentir mal.

Porém, banhei-me em coragem e prossegui, apesar de estar sem forças, montando aquele feitiço. Comecei a fazer evocações mágicas contra Tânia.

Após algum tempo, eu, à beira do lago, encontrava-me deitado, olhando para o céu, sem forças. Ela, em sua propriedade, caída, deitada de lado, respirava com dificuldades.

Praticamente me arrastando, dirigi-me até meu cavalo. Próximo a ele, eu ainda respirava com dificuldades, pela boca, tentando recuperar forças para montar e ir embora.

O Feiticeiro Hijon, que ao lado de meu Mestre Mago Tutelar observava-me, falou:

– Ele perdeu forças, Mestre Mago da Luz, mas creio que tenha acontecido o que temíamos!

– Perfeitamente, Senhor Hijon! Porém, como já é de praxe, ele está cavando seu próprio "buraco". Isto tudo só dificultará ainda mais a sua recuperação. E, como bem sabemos, não temos permissão da Lei para interferir em seu livre-arbítrio, neste momento. Ou ele se positiva por si próprio ou afundará cada vez mais nas trevas da ignorância humana.

O Feiticeiro Hijon sacudiu a cabeça afirmativamente. Estava, naquele momento, visivelmente decepcionado. Sentia-se impotente perante aquilo tudo.

Em sua propriedade, Tânia conseguiu, com dificuldades, levantar-se e foi apoiando-se pelas paredes da casa até sua cama. Sentia-se muito mal, seu corpo desfalecia. Pensou: "Ele conseguiu! Mais uma vez, ele conseguiu! Acabou com tudo!".

Naquela noite, ela não apareceu na taberna para trabalhar. Na noite seguinte, também não.

Preocupado, sr. Hugo, na manhã seguinte, foi até a casa dela. Bateu à porta várias vezes e não foi atendido. Acabou entrando e encontrou-a morta em sua cama. Ao seu lado, um bilhete em um pedaço de papel dobrado, destinado a ele, que dizia: *"Sr. Hugo, agradeço por tudo o que fez por mim. Foi mais do que um pai, ajudando-me muito! Peço que me enterre em Córdoba, minha terra natal. E também lhe peço que não fale a ninguém, aqui em Villa del Rosario, sobre o que me aconteceu. Espero que me entenda! Com amor, Tânia"*.

Emocionado, lágrimas verteram pela face daquele comerciante.

Muitos boatos referentes ao repentino sumiço de Tânia começaram a correr por aquele povoado.

Certa noite, na taberna, encostei-me ao balcão e perguntei ao sr. Hugo:

– Sr. Hugo, o que aconteceu com Tânia?

Ele me olhou seriamente e disse:

– Gostaria muito de saber, sr. Carreras! Ela simplesmente desapareceu! Não sei nada dela. Com sua licença, preciso trabalhar.

Senti que havia alguma coisa errada naquilo tudo. Aquele homem sabia de algo e não queria me dizer.

Em alguns lugares naquele povoado, falavam que ela havia morrido e que seu corpo havia sido enterrado em lugar desconhecido.

A verdade é que, enquanto vivi em Villa del Rosario, nunca mais tive notícias dela. Por vezes, achava que realmente tinha morrido, e aquela sensação deixava-me aliviado para seguir em frente no meu relacionamento com Andrea, porém havia momentos em que eu achava que ela poderia reaparecer, "infernizando-me" e destruindo minha vida.

Várias vezes sonhei com ela. Em todos os sonhos, ela vestia uma roupa preta muito suja, tinha alguns dentes pretos, um rosto cadavérico e sorria para mim. Eu sentia, naqueles sonhos, que ela queria levar-me com ela. E acordava sempre desesperado.

Houve um período em que, com medo dos sonhos, evitava dormir, o que acabava acontecendo pela manhã, quando o cansaço me vencia.

Passava as noites sozinho em casa, bebendo vinho, tentando esquecer aquilo tudo. Porém, a bebida não afastava a negatividade que estava, àquela altura, inerente a mim, ao contrário, afixava-a ainda mais.

Em dezembro de 1841 d.C., tive a aprovação do fazendeiro Albano para casar com Andrea. E marcamos nosso enlace matrimonial para março de 1842 d.C.

Andrea, aquela doce mulher, era, àquela altura, no auge dos meus 29 anos, a única alegria que eu tinha na vida.

Nos negócios, continuava contrabandeando carne e vinhos. E, como não era mais parceiro de Samir, passei a recrutar homens.

Sempre que me encontrava muito triste e negativado, arrumava uma forma de reunir "soldados" e atacar alguma propriedade durante a madrugada. Se, naquela época, naquele lugar, houvesse o hábito da prática esportiva, aquele, com certeza, seria o meu esporte favorito.

O fazendeiro Albano, pai de Andrea, apesar de ter-me aceitando, a fim de satisfazer a vontade de sua amada filha, sempre me olhou com reservas. Com o passar do tempo, soube que ele era amigo do sr. Valdinez e, com certeza, sabia das suspeitas que haviam sobre mim com relação ao primeiro saque que promovi, ao lado de Samir. E, também, sabia do meu enriquecimento "relâmpago".

Certo dia, Andrea falou-me:

— Meu amor, não considere as teimosias de meu pai. Ele é assim mesmo! Amo-o e respeito-o muito, mas se eu der ouvidos a ele, não casarei com ninguém. Pois você ou qualquer outro, para ele, sempre serão "bandidos". E eu sei que você é um homem de bem.

Falou aquilo, inocentemente, olhando-me nos olhos, com seu ar angelical. Sorri para ela cinicamente e beijei-a.

Certa noite, em minha casa, bebia vorazmente um gole de vinho atrás do outro. Lembrava de Tânia e não conseguia esquecê-la. Era uma lembrança negativa, não sentia saudades, e sim medo de revê-la.

Lembrei-me de uma situação que aconteceu na taberna, quando eu já a conhecia, mas ainda não nos relacionávamos. Eu conversava com um homem, amigavelmente. De repente (eu não sabia que estava sendo negativamente influenciado naquela situação), o rato Shaly começou a correr à minha volta. E, de uma hora para a outra, comecei a ofender aquele homem (eu já me encontrava embriagado) e também sua honra e sua família. Ofendido, ele ameaçou puxar o revólver (o rato acelerou, correndo ainda mais à minha volta). Levantei-me e encostei meu revólver na testa dele. Todos na taberna pediam para que eu parasse com aquilo. E Tânia (naquela lembrança eu podia ver claramente seus olhos para mim) pedia para que eu não fizesse aquilo. Revendo aquela cena, pude ver o quanto aquela mulher me amava. Mas, se eu a havia amado tanto em determinado momento, por que tudo entre nós acabou daquela forma? O que poderia ter levado nossa história para aquele final?

Eu não encontrava respostas e sentia-me muito incomodado. Chorei muito, arrependido, pois em meu íntimo sabia que havia feito mal a ela. E, soluçando, em voz alta, falei:

– Perdoa-me, Tânia!

Assim eu ficava durante muitas noites. E planejava saques e roubos, também com o intuito de "distrair-me" e fugir daqueles tormentos.

Em uma noite de lua minguante, bebia vinho em minha casa. Alguém bateu à porta. Pensei: "Quem vem à minha casa a esta hora?". Achava aquilo estranho, pois não costumava receber visitas, especialmente à noite. Poderia ser uma emboscada. Peguei meu revólver, colocando-o em minha calça, nas costas.

Abri a porta. Era Samir, sorrindo para mim.

– Quanto tempo, velho companheiro!

– O que você faz aqui, Samir? O que quer?

– Conversar com meu velho parceiro!

– Não temos nada para conversar, não somos mais parceiros. Acho que isso ficou bem claro ao final daquela missão no Brasil.

– Ora, Ramón, acalme-se, vamos conversar!

Desconfiado, convidei-o a entrar.

Sentado em uma poltrona em minha sala de visitas, começou a falar. Servi a ele uma taça de vinho, sentei em uma poltrona à sua frente e passei a ouvi-lo.

— Ramón, meu caro, precisamos superar pequenas divergências. Nossa parceria sempre funcionou bem aqui na província de Santa Fé. Se realmente falhamos no Brasil, foi porque ousamos atuar em uma operação maior do que a nossa capacidade, reconheço isso! Mas, meu bom amigo, vamos retomar nossa parceria...

Interrompi-o:

— Por que isso agora, Samir? Já se passaram alguns anos, eu tomei um rumo, você tomou outro. Explique-me...

— Ora, Ramón, sejamos razoáveis: sabemos que eu faço falta no seu grupo e reconheço que você faz falta no meu. Eu sou um comandante nato, você um estrategista. Então, por que não voltamos à nossa velha parceria, que, digo, nunca deveria ter encerrado?

Intimamente, eu concordava com Samir. No tempo em que atuamos juntos, tínhamos mais sucesso. Ganhávamos mais dinheiro, pois eu me preocupava apenas com as estratégias e não tinha de recrutar homens, o que eu realmente não gostava de fazer, mas, nos últimos tempos, fazia por pura necessidade.

Pai Cipriano do Cruzeiro das Almas, ao lado do velho feiticeiro, assistia àquele diálogo. Olhou para ele e falou:

— Mais um problema, Senhor Hijon!

— Percebo e já vejo o que acontecerá logo adiante, Pai Cipriano do Cruzeiro das Almas.

Ambos continuaram observando nosso diálogo.

Levantei-me, caminhei pela sala, bebi um bom gole de vinho, pensei um pouco, olhei para Samir e falei:

— Está bem, Samir, vamos retomar nossa parceria.

Ele se levantou, sorridente, abraçou-me com força e falou:

– Eu sabia, velho Ramón, eu sabia! Nunca deveríamos ter encerrado nossa parceria!

Foi embora da minha casa contente. Eu havia aceitado porque sabia que precisava dele, mas mantinha-me desconfiado. Havia alguma coisa no ar e eu precisava descobrir.

A alguns quilômetros da minha propriedade, Samir encontrou com um dos homens do sr. Valdinez, que entregou a ele uma sacola com dinheiro, e falou:

– Este é um agrado do sr. Valdinez para você, gringo!

Samir olhou para o dinheiro, cheirou-o e falou:

– Diga ao sr. Valdinez que o serviço custará caro, mas chegaremos onde ele deseja.

O homem sorriu e foi embora. E Samir ficou ali, sorridente. Pensou: "Aquele moleque acha que tudo o que fez comigo passará em brancas nuvens".

Eu sempre pensava que, em algum momento, sr. Valdinez armaria uma emboscada para mim, mas não imaginava, naquele momento, que estava usando Samir para alcançar seu objetivo.

Capítulo 13

A Última Punhalada

Retomamos a nossa parceria e os resultados foram mais do que satisfatórios. Em pouco tempo, meus lucros praticamente triplicaram.

Porém, minha desconfiança para com Samir só fazia aumentar a cada dia. Percebia em seu sorriso, em seu olhar, em seu semblante, algo diferente, se comparado a outros tempos.

Preocupava-me demais com aquilo, mas o dinheiro, sempre o dinheiro, fazia-me seguir em frente naqueles negócios e ao lado daquele homem que preparava o "terreno" para acabar comigo.

Em março de 1842 d.C., casei-me com Andrea na Catedral da Virgem do Rosário. Na fazenda do sr. Albano, uma grande festa para celebrar o matrimônio de sua filha foi realizada. Vários fazendeiros, comerciantes e políticos locais encontravam-se lá, naquele dia.

Samir aproximou-se de mim, já um pouco embriagado, abraçando-me e dizendo:

– Meu velho companheiro, desejo que seja muito feliz!

Olhou para Andrea e falou:

– Senhora Carreras, é uma mulher de muita sorte por ter este homem especial ao seu lado.

Ela agradeceu sorrindo para ele. Nada daquilo que ele dissera convenceu-me.

Em dado momento, o sr. Albano aproximou-se e falou-me:
— Ramón, acompanhe-me, por favor!

Fui com ele até a sala de visitas, em sua casa. Lá chegando, aguardava-nos o sr. Valdinez. Quando o vi, passei a tremer da cabeça aos pés.

Ele, que estava de costas, quando percebeu nossa presença virou-se, estendeu os braços, e falou:
— Ramón, meu menino, parabéns!

Aproximou-se de mim, abraçando-me. Abracei-o também e falei:
— Muito obrigado, sr. Valdinez!

O fazendeiro Albano observava a tudo atentamente. O sr. Valdinez falou:
— Estou emocionado, menino! Vê-lo casando trouxe-me à memória vários momentos. Não pude deixar de lembrar de sua mãe. Como seria bom se ela estivesse aqui!

Abaixei a cabeça com os olhos marejados. Andrea adentrou a sala; vendo-nos, aproximou-se de mim sorrindo e percebeu minha emoção. Passou a mão em meu rosto, olhou-me com amor e sorriu. Aquele "anjo" que habitava um corpo feminino nada precisava falar para me fazer bem ou, até mesmo, para mudar meu estado de espírito.

O sr. Valdinez voltou a falar:
— Parabéns, Andrea! Desejo que formem uma família feliz e próspera!

Olhou para seu pai e disse:
— Albano, meu velho amigo, hoje é um dia de muitas emoções para mim. Ver sua filha, que vi nascer, casar-se com este garoto que se criou em minha fazenda, para mim é motivo de muita alegria, satisfação... e emoção, até!

Alguns segundos de silêncio tomaram conta daquele ambiente. Eu continuava de cabeça baixa, Andrea afagava meus cabelos. O fazendeiro Albano olhava-me. O sr. Valdinez voltou a falar:

– Ramón, meu menino, desejo-lhe mesmo muita sorte!

Senti uma ponta de ironia em sua fala. Ele prosseguiu:

– Como já disse, hoje está sendo um dia de muitas lembranças para mim. De sua mãe, de sua infância brincando em minha fazenda, de você já adulto lá morando, enfim, de tudo o que vi você fazer.

Permaneci em silêncio, nada falei.

O fazendeiro Albano aproximou-se, dando-me um leve tapa nas costas e dizendo:

– Voltemos à festa, meu rapaz. Há muitos convidados lá fora!

Retiramo-nos, porém, antes de sair da sala, virei para trás e vi o sr. Valdinez, olhando-me com o mesmo ar de ódio do dia em que discutimos em sua casa.

No primeiro ano do nosso casamento, pude levar com Andrea uma boa vida. E aquilo me fazia sentir como alguém que tinha uma vida dupla, pois, se eu era um "negociante" sem escrúpulos, ou, melhor dizendo, um bandido, em minhas atividades "profissionais", em minha vida matrimonial, eu encontrava paz e tinha uma mulher que amava muito, que correspondia à altura ao meu amor, cuidava de mim muito bem e dedicava-se a mim e ao nosso amor de modo exemplar.

Não tinha o que reclamar de Andrea e foi exatamente essa dubiedade vivida por mim que, em determinado momento, passou a me incomodar. Tinha sérios problemas de consciência. Chegava a pensar, em alguns momentos, que eu era duas pessoas em uma. Devido à minha ignorância e minha rasa compreensão, à época, esse era o "grau" de conclusão que eu conseguia alcançar.

Porém, com todos aqueles conflitos conscienciais e tomado pela ignorância, nunca me passou pela cabeça usar aquele presente enviado por Deus a mim (Andrea) para mudar radicalmente minha postura, minhas atitudes, minha vida como um todo.

À noite, invariavelmente, ficava admirando-a enquanto dormia. Por vezes, pensava: "Como pode existir um ser tão angelical quanto esta linda mulher?".

Em meados de 1843 d.C., Andrea engravidou. Lembro que, na noite em que recebi a notícia, fiquei alegre e emocionado. E bebi muito, com o intuito de comemorar. Ela não gostava quando eu bebia e recolhia-se em nosso quarto.

Naquela noite, muito embriagado, sentado à poltrona, involuntariamente, comecei a pensar em Tânia.

Queria fugir daqueles pensamentos e não conseguia.

Do lado etérico, Pai Cipriano do Cruzeiro das Almas e o Feiticeiro Hijon conversavam:

– Senhor Hijon, apesar da "teia" que o protege, há certas vibrações cármicas que acabam atingindo nosso menino. Veja só, ela não consegue aproximar-se, graças à "teia", mas, mesmo assim, a ligação entre eles é tão forte que o afeta bastante.

– Tem razão, Pai Cipriano do Cruzeiro das Almas. E, neste caso, é praticamente como se não houvesse a "teia" a protegê-lo.

Pai Cipriano do Cruzeiro das Almas pitou seu cachimbo e sacudiu a cabeça afirmativamente. Ao seu lado, o Feiticeiro Hijon olhou em minha direção, arregalou os olhos, surpreso. O Preto-Velho Mago, de braços cruzados, com a mão direita ao queixo, observava os movimentos à minha volta.

Tânia, visivelmente transtornada espiritualmente, rondava, queria aproximar-se. Não conseguia, porque o magnetismo, a energia e a vibração daquela "teia" não permitiam, mas seu magnetismo, energia e vibração negativas eram mais do que suficientes para me afetar, fazendo-me passar mal.

Eu sentia dor de cabeça, tontura, pensava muito nela. Comecei a chorar.

O Feiticeiro Hijon aproximou-se dela. Falou:

– Vá embora, mulher! Veja que não está fazendo bem a ele e muito menos a você.

Ela olhou para o velho feiticeiro com ar irônico, nada falou e continuou tentando aproximar-se de mim. Não conseguia, por causa da "teia" que bloqueava sua aproximação.

Pai Cipriano do Cruzeiro das Almas aproximou-se. Ela assustou-se, parecia reconhecê-lo. Ele disse:

– Novamente, vou lhe dizer, menina, o que já lhe disse várias vezes nas mais variadas épocas sempre que nos encontramos: afaste-se, procure sua Mestra, ela pode conduzi-la ao seu verdadeiro caminho. Volte-se para si, recorra às vibrações de humildade que habitam em seu íntimo aguardando que você as ative.

Ela, de cabeça baixa, nada falou. Afastou-se e, em poucos instantes, desapareceu daquele ambiente.

Aos poucos, fui me recuperando. Fui para o quarto, deitei-me. Andrea, ainda acordada, passou a mão na minha cabeça, puxou-me para próximo dela, acomodei-me em seu ombro e dormi rapidamente.

Em janeiro de 1844, Andrea deu à luz nossa filha. Batizamos como Josefina, pois Andrea quis homenagear sua já falecida avó. E não havia desejo daquela mulher angelical que eu não satisfizesse, mesmo, confesso, achando aquele nome inapropriado para a nossa recém-nascida menininha.

O nascimento da nossa filha encheu-me de alegria. Pensava que deveria conquistar mais bens materiais para que ela tivesse um futuro tranquilo. E, ao lado de Samir, passei a pegar mais pesado nos negócios.

Samir recebeu um ultimato de um mensageiro do sr. Valdinez. Estavam na taberna. O homem, falando em tom baixo, disse:

– Sr. Valdinez está muito decepcionado com você, gringo!

– Espere, nunca disse que seria fácil! Ramón é um homem esperto, um estrategista.

– Não importa, gringo! Essa situação já vem se desenrolando há alguns anos. Sr. Valdinez já gastou muito dinheiro com você e ainda não viu o resultado que espera. Mate-o logo!

– Não posso fazer isso da forma que estão querendo. Ou me prejudicarei. Entenda, o sogro dele, o fazendeiro Albano, é um homem poderoso, e pode, facilmente, acabar comigo! Preciso achar uma forma de matá-lo sem deixar rastros.

O homem, falando em tom ainda mais baixo, olhou nos olhos de Samir e disse:

– E se eu lhe disser que temos o aval do sr. Albano?

Samir, surpreso, ficou pensativo. Após alguns segundos de silêncio entre ambos, ele perguntou ao homem:

– E como posso ter certeza disso?

Hoje à noite, esteja na propriedade do sr. Valdinez e você terá a confirmação de tudo.

Naquela noite, Samir foi à casa do sr. Valdinez. Foi recebido com pompas e honras. E lá estava o sr. Albano que, sem rodeios, falou:

– Senhor Samir, poderá lucrar muito se acabar logo com aquele crápula que, mais dia, menos dia, destruirá a vida de minha filha. Tenho certeza disso! E, por isso, estou aqui agora, para tranquilizá-lo.

Puxou de seu casaco uma sacola com dinheiro, estendeu a mão, entregando-a a Samir, e falou:

– Este agrado, senhor Samir, é para que selemos nossa parceria. Então, além do que combinou com Valdinez, ainda recebe este incentivo para acelerar o processo. E, saiba, sua fuga será facilitada por mim e por Valdinez. Mas, terá que sair de Santa Fé e nunca mais voltar.

Samir pegou o dinheiro, sorriu e falou:

– Então, é isso o que vocês querem?

Sr. Valdinez, friamente, falou:

– Já está mais do que na hora, gringo!

– Então, assim será! Em no máximo 48 horas o serviço será executado – falou Samir.

Ele se retirou da casa do sr. Valdinez.

No dia seguinte, acordei com uma sensação estranha. Durante a refeição matinal, Andrea perguntou-me:

– Ramón, meu amor, o que você tem? Percebo que está tremendo!

– Não sei, anjo, não estou passando bem.

Ela fez alguns chás para mim durante aquele dia.

Naquela noite, eu e Samir havíamos marcado um encontro a fim de acertarmos os últimos detalhes para um ataque a uma fazenda, nos arredores de Villa del Rosario.

Algo me dizia que eu devia ter muito cuidado, especialmente, naquela noite, naquele encontro. Passava a ter, como nunca antes na vida, um aguçamento "relâmpago" de minhas intuições.

Do lado etérico, Pai Cipriano do Cruzeiro das Almas e o Feiticeiro Hijon conversavam.

– Perceba, Senhor Hijon, precisamos hoje usar de todas as forças que temos à disposição. Em hipótese alguma, podemos permitir que algo aconteça a ele.

– Eu sei, Mestre Mago da Luz. E vejo que hoje teremos muito trabalho!

O Preto-Velho Mago, pitando seu cachimbo, sacudiu a cabeça afirmativamente.

Um pouco antes de Samir chegar, fui ao meu quarto, abasteci meu revólver, colocando-o nas costas, e também peguei um punhal de prata, ao qual muito estimava, colocando-o também nas costas.

Recebi meu "parceiro" na sala de visitas. Imediatamente, ele me falou:

– Ramón, prefiro conversar com você em um ambiente mais reservado.

Fomos para um galpão que ficava próximo à casa principal. Lá chegando, falei:

– Não entendo por que me pediu isso, Samir?

– Ora, parceiro, não é recomendável que sua esposa tome conhecimento dos nossos negócios, não é mesmo?

– Andrea é uma mulher de boa formação, prendada, que sabe que não deve adentrar em um ambiente onde homens tratam de negócios sem ser chamada – falei, em tom seco.

– Ora, parceiro, ainda acho melhor ficarmos aqui!

– Quem dita as regras em minha casa sou eu, gringo!

– O que é isso, Ramón. Você nunca falou assim comigo. O que está acontecendo?

– Eu é que pergunto a você, gringo: o que está acontecendo?

– Ramón, você está me desrespeitando! Não fale assim comigo!

– Você se reaproximou de mim, a mando de quem, seu gringo mercenário? Está trabalhando para aquele velho salafrário, o sr. Valdinez? Ele está usando-o para a sua vingança pessoal? Ele não sabe que você também fez parte daquele roubo?

– Ramón, acalme-se!

Puxei o revólver, apontando para Samir e engatilhando-o.

Samir também puxou seu revólver, mirando-o para mim, e falou;

– Você acha, seu molequinho, que eu deixaria passar em branco a humilhação que você me fez passar com os farroupilhas?

– Humilhação que eu fiz você passar, gringo? Você insistiu para que fôssemos àquela guerra sem propósitos. Que de nada adiantou, ou melhor, adiantou sim, pois, por causa daquela viagem, até hoje, faço ótimos negócios com os brasileiros. E você, não passa de um "chefinho" de quadrilhas.

Samir atirou em mim, atingindo-me no braço esquerdo. Caí ao chão, sentindo muita dor, e meu braço ficou adormecido. Cheguei a pensar que o havia perdido.

Ele se aproximou, mirando o revólver em minha cabeça, e falou:

– Eu teria motivos de sobra para acabar com você, Ramón Carreras. O dinheiro que estou recebendo é só um incentivo, um prêmio para que eu execute a justiça que já devia ter sido feita há muito tempo.

Chutei seu joelho direito com força. Ele caiu e seu revólver voou para longe do seu alcance. Imediatamente, pulei para cima dele e começamos a lutar.

Andrea ouviu o barulho dos tiros e correu até o galpão.

Ficou à porta, parada, assustada, sem reação, vendo-nos lutar. Queria gritar e não conseguia. Aquela cena era, em verdade, para uma mulher doce e pura como Andrea, um trauma de proporções incalculáveis.

Lutávamos intensamente. Trocamos muitos socos. Ambos estávamos feridos pelos tiros e com os rostos ensanguentados por consequência daquela briga. Eu pensava em matá-lo ali.

Do lado etérico, o Feiticeiro Hijon estava próximo a nós. Pai Cipriano do Cruzeiro das Almas, mentalmente, dizia: "Meu menino, acabe com isto agora. Deixe este homem ir embora. E vá embora também. Saia deste lugar, deixe esta vida para trás. Se há um fio de esperança de 'salvação' para você neste momento, faça o que lhe digo agora, promovendo uma mudança radical".

Pela primeira vez naquela encarnação, eu ouvia integralmente a irradiação emitida pelo meu Mestre. E via, mentalmente, a imagem daquele negro velho que aparecera para mim em sonhos. Mas, muito negativado, pensei: "Ir embora? Nem pensar! Tudo o que está aqui é meu e foi conquistado com muito suor! Não vou abandonar Andrea, não vou abandonar minha filha!".

Pai Cipriano do Cruzeiro das Almas afastou-se, o Feiticeiro Hijon também. Entreolharam-se. O Preto-Velho Mago, com lágrimas aos olhos, falou:

– Não há mais o que fazer, Senhor Hijon!

Visivelmente decepcionado, o velho feiticeiro ficou em silêncio.

Lutávamos muito. Andrea, paralisada, assistia a tudo sem esboçar qualquer tipo de reação.

Em dado momento, Samir deu-me um soco, caí deitado. Ele veio para cima de mim, já com o revólver na mão. Afastei meu corpo para o lado esquerdo, dando nele uma rasteira. Ele caiu ao chão. Levantei-me e, quando ele tentava se levantar (ainda se encontrava ajoelhado), peguei-o pelas costas, "engravatando-o", puxei o punhal que carregava comigo e degolei-o.

E foi naquele instante que percebi que Andrea nos observava, paralisada.

Ela saiu correndo em direção à nossa casa. Pensei: "Minha Andrea!".

Corri atrás dela. Eu estava todo ensanguentado. Entrei em nosso quarto, ela chorava copiosamente.

– Andrea, meu anjo, precisei me defender! O senhor Valdinez o contratou para me eliminar...

– E por que o sr. Valdinez quer eliminar você, Ramón? Não vejo sentido nisso – falou Andrea, aos prantos.

Não sabia o que dizer. Retirei-me do quarto, fui tomar um banho.

Pedi a alguns homens que enterrassem Samir bem longe dali.

Após aquele dia, Andrea passou a ter medo de mim.

Nosso casamento, que ia bem, passou a andar em uma contagem regressiva que rumava para o seu final.

Tentava, de todos os modos, reconquistá-la.

Em 1846, nossa filha, já com 2 anos de idade, começava a balbuciar as primeiras palavras. Eu brincava com nossa menina. Ela aproximou-se e friamente me falou:

— Você poderia ter dedicado a sua vida a ela, a nós, mas optou por ser um bandido.

Olhei para ela, espantado, e perguntei:

— Do que você está falando?

— Eu sei de tudo. Dos saques, dos contrabandos. Do que fundamentava sua parceria com Samir. Sei do saque na propriedade do sr. Valdinez.

— Meu amor...

— Espere, Ramón! Eu ouvi várias conversas de vocês, àquela época, mas achava que, com o tempo, eu conseguiria mudar seu comportamento. Porém, quando vi, à minha frente, você tornar-se um assassino, percebi que eu vivia uma grande ilusão!

Fiquei em silêncio. Não sabia o que dizer.

Andrea viveu comigo até 1847, quando me informou que iria embora da nossa fazenda com Josefina para a casa do seu pai. Dizia que não havia condições de viver ao lado de um bandido. E acusou-me de ter estragado sua vida, pois era uma mulher de família, cristã e de princípios morais ilibados. Que eu a havia seduzido e que, agora, ela seria uma mãe sem pai para a sua filha.

Falei:

— Não deixarei nada faltar à nossa filha... nem a você, meu amor!

— Não quero que minha filha saiba que tem um pai bandido e assassino, não quero o seu dinheiro sujo. Meu pai dará tudo o que minha filha precisa.

Senti-me humilhado. E vi Andrea, aquela doce mulher, ir embora com nossa filha, e nada pude fazer.

Capítulo 14

O Último Golpe

Passei a viver sozinho naquela fazenda e cheguei ao ápice da minha amargura.

Encontrava na magia a minha válvula de escape. Fazia feitiços de baixíssimas vibrações com o intuito de proteger-me (sentia muito medo, pois poderia ainda ser pego em alguma emboscada pelo sr. Valdinez).

Em sua fazenda, o sr. Albano conversava com Andrea.

— Minha filha, espero que você tenha rompido todos os laços que mantinha com aquele canalha!

— Papai, isso não é tão simples assim. Ele é pai de Josefina!

— Eu criarei minha neta. Não quero que aquele bandido aproxime-se dela.

Andrea abaixou a cabeça, entristecida. Ainda me amava. O fazendeiro Albano voltou a falar:

— Como você justificou a ele que sabia de todas as suas falcatruas? Ele desconfia de que lhe contei tudo?

— Eu disse a ele que escutava suas conversas com Samir.

— Ótimo! Sem desconfiar de mim, tudo ficará mais fácil.

— O que o senhor fará, meu pai?

Ele sorriu, deu as costas e retirou-se.

Em minha casa, pensava em uma forma de manter-me seguro. Lembrei de quando Pai Cipriano do Cruzeiro das Almas falou-me para ir embora de Villa del Rosario. Pensei: "Posso ir para o Brasil!".

Aquela ideia me parecia bastante atraente, porém, imediatamente, lembrei-me: "Posso ser pego lá, por causa da morte de Artur".

Encontrava-me sem saída. Passei, então, a viver na fazenda. De lá, tocava meus negócios. Contratei muitos "soldados" e mantinha minha propriedade cercada por aqueles homens durante as 24 horas do dia.

O único momento em que me fortalecia e nada temia era durante os saques e roubos. Sem Samir, eu mesmo comandava tudo.

Na floresta, Pai Cipriano do Cruzeiro das Almas e o Feiticeiro Hijon conversavam.

– Senhor Hijon, aproxima-se o momento decisivo, aquele em que encerraremos esta etapa para que, finalmente, possamos iniciar a nova, que será de correção deste menino.

– E o que deveremos fazer nestes últimos momentos, Mestre Mago da Luz?

– Manter a atenção redobrada, Senhor Hijon, pois muitos quererão levá-lo neste momento. Mas ele já tem destino certo... e bem, amigo, isso é tudo o que posso lhe dizer.

– Compreendo, meu senhor. Então, assim será. Este velho feiticeiro encerrará esta missão honrando o que sempre foi prioridade máxima durante toda a caminhada: vencer sempre!

– Que assim seja, Senhor Hijon!

Pai Cipriano do Cruzeiro das Almas e o Feiticeiro Hijon tinham naqueles últimos momentos do trabalho que realizavam em conjunto a oportunidade de impedir que eu seguisse afundando-me na autonegativação.

Ao final de 1848, os negativismos tomavam conta de mim.

Nutria raiva por praticamente todas as pessoas que cruzavam meu caminho.

Amava Andrea e minha filha Josefina. Sentia saudades, queria vê-las, mas era impedido pelo fazendeiro Albano. Ele me mandara um recado proibindo-me de aproximar-me da sua propriedade e também de toda a sua família.

Senti ódio quando recebi a mensagem. Pensei em matá-lo. Só não fiz isso, porque sabia que Andrea nunca me perdoaria.

Andrea, aquela mulher doce, a mãe da minha filha! Eu ainda a queria muito e, no fundo, nutria um fio de esperança em poder, ainda um dia, reconquistá-la. Sonhava em viver novamente ao lado dela e da nossa filha. Porém, em momento algum, cogitava a hipótese de mudar de atitude, mudar de vida, para que, assim, Deus me premiasse com o retorno da minha família.

Cresci ao lado da minha mãe, que perdi ainda muito jovem. Passei a viver sozinho até encontrar a mulher que amei e tornou-se a minha "família". Tivemos uma filha e, em seguida, novamente, perdi tudo.

Eu não conseguia compreender que meus negativismos levavam-me à solidão e às perdas, revoltava-me e, em um movimento reativo, me negativava ainda mais.

Pouco saía de casa. De vez em quando ia à taberna do sr. Hugo. Porém, vivia e sentia, naquele momento da minha vida, uma rejeição por parte de todas as pessoas. Ninguém se sentava à mesa em que eu estava. Todos me evitavam.

E eu, revoltado, jurava vingar-me de todos. Considerava-me injustiçado pela vida e queria acertar contas com o mundo. Pensava que todos ali, de alguma forma, deviam-me favores e agradecimentos.

Em uma noite de lua minguante, sentado na taberna, bebendo vinho, pensei: "Vou acabar com o que originou todo este mal que está ao meu redor. Vou matar o sr. Valdinez!".

Saí de lá determinado. Aquele homem não viveria mais. Sabia que não seria fácil, pois era um fazendeiro poderoso naquela região, possuía um grande poder bélico e comprava tudo e todos conforme suas necessidades. Era sim, mais rico e poderoso do que eu. Mas talvez minha ousadia superasse a dele, pois, naqueles anos todos, não havia conseguido matar-me. Então, pensava:

"Não posso mais dar tempo a ele. Acabarei com aquele velho que destruiu a vida da minha mãe, antes que ele acabe comigo."

Estava determinado e, quando Ramón Carreras fixava uma meta, nada o impedia de alcançá-la.

Em dezembro de 1848, aproximava-se a data do ano que eu mais abominava: o Natal.

Lembrava-me dos Natais que passei com mamãe, sempre muito simples, em razão de nossa condição financeira. Porém, eram momentos muito felizes. Talvez fosse a data do ano em que meu amor por ela mais aflorasse.

Após sua morte, aquela data passou a ser para mim motivo de raiva, ódio por tudo e todos. A solidão, que era minha mais leal companheira, tomava conta de mim aos finais de ano e fazia com que minha revolta chegasse ao ponto em que cheguei, naquele dezembro de 1848. Sabia que sr. Valdinez e sua família, muito católicos, valorizavam por demais aquela data e decidi, então, que o mataria logo.

Conhecia muito bem sua propriedade, e comecei a estudar uma estratégia para pegá-lo. Seria uma missão bem complicada, pois ele estava muito bem armado e protegido. Mas eu estava determinado e nada me impediria.

Certa noite, sonhei com Andrea. Ela trajava um lindo vestido branco, tinha uma rosa branca à cabeça, sorria para mim. Falou-me:

– Busque sua essência, meu amor! É nela que encontrará a saída e a salvação para a sua vida.

Acordei chorando e com saudades dela.

Compreendi a mensagem do sonho. Sabia, àquele momento, que eu estava por demais negativado. Porém, não via saída ou possibilidade de um retorno na minha caminhada. E mantive-me determinado a seguir em frente com meus planos.

Ao meu lado, Feiticeiro Hijon e Pai Cipriano do Cruzeiro das Almas observavam-me.

– O que faremos, Mestre Mago da Luz?

– Se se refere à impedirmos que ele cometa mais este crime, digo-lhe que, a esta altura, nada podemos e nada deveremos fazer. Ele já sabe que pode recuar e mesmo assim teima em seguir em frente em seus propósitos baixos. Então, que colha os frutos que planta!

O velho feiticeiro sacudiu a cabeça, visivelmente entristecido, olhou para o chão, suspirando.

Alguns dias se passaram. No dia 23 de dezembro, reuni três dos meus homens (eram os de minha confiança) e falei:

– Amanhã, à noite, atacaremos a propriedade do sr. Valdinez. Ele e sua família celebrarão o Natal, como sempre fazem. E será um momento em que estarão frágeis. Tenho certeza de que até mesmo sua guarda estará mais "acessível" à nossa visita.

Naquela noite fui tomado por uma excitação inigualável. Sabia que se aproximava um momento pelo qual eu esperava há muitos anos. E nada me fazia pensar que algo daria errado. Tinha plena certeza de que seria bem-sucedido naquela empreitada.

Na noite de 24 de dezembro, conseguimos entrar naquela propriedade pelos fundos. Rendemos os dois homens que estavam na guarda. Em seguida, fomos a um galpão, onde ficamos escondidos. Eu sabia que o momento certo para o ataque seria após as 22 horas, quando todos já estariam festejando. O contexto nos favoreceria.

E assim fizemos. Por volta de 22 horas, entramos na casa do sr. Valdinez. Entre meus "soldados", havia dois muito hábeis com facas. Antes de entrarmos na casa, mataram quatro de seus homens.

Entramos pela cozinha. Uma de suas empregadas, quando me viu, falou:

– Ramón, o que você faz aqui?

Apontei meu revólver para ela e fiz sinal com a mão para que fizesse silêncio. Ela, apavorada, quis gritar. Um de meus homens agarrou-a pelas costas, tapando sua boca e colocando o revólver à sua cabeça.

Seguimos em frente. Eu e mais 12 homens estávamos, naquele momento, dentro da casa do meu desafeto.

Aproximamo-nos da sala de visitas. Todos conversavam em voz alta, já alterados pela bebida, riam, brincavam, caçoavam uns aos outros, cantavam.

Paramos no corredor. Olhei para o homem que era meu braço direito e, sussurrando, falei:

– É agora!

Ele fez um sinal com a mão direita para que os homens invadissem a sala.

Quando todos entraram, apontando suas armas para os presentes, um alvoroço tomou conta do ambiente. Sr. Valdinez correu para buscar um revólver, mas foi atingido na perna por um dos meus soldados. Caiu ao chão, ferido. Sua mulher correu até ele.

Eu orientara meus homens para que não o matassem, pois eu teria prazer em fazê-lo pessoalmente.

Todos se encontravam à sala, com as mãos à cabeça. Não poderiam reagir, pedir ajuda aos homens que faziam a guarda do lado de fora da fazenda, pois morreriam ali mesmo se algo tentassem.

Eu, ainda no corredor, assistia a tudo, sentia-me, naquele momento, na mais decisiva "missão" da minha vida.

Adentrei a sala com o revólver em punho, apontando-o para o sr. Valdinez.

Sua esposa, ajoelhada ao seu lado, olhou-me espantada e falou:

– Ramón, o que você faz aqui?

Não dei atenção a ela. Cheguei próximo a ele e falei:

– Vamos embora daqui!

Peguei-o pela mão, levantando-o, encostei o revólver em sua cabeça, olhei para todos ali presentes e declarei:

– Sempre passei o Natal com minha mãe naquele cubículo que esta digníssima família nos reservou. Sempre fomos humilhados e injustiçados. Sintam agora um pouco do que eu sempre senti. Vou levá-lo. Se tentarem qualquer coisa contra mim, se se aproximarem da minha propriedade, ele morre! Um Feliz Natal a todos!

Eu e meus "soldados" saímos da casa. Atravessamos sua propriedade passando por seus homens que nada puderam fazer, pois se algo tentassem, ele morreria ali mesmo.

Durante todo o trajeto até minha fazenda, ele se manteve em silêncio. Era um homem orgulhoso e, em hipótese alguma, pediria clemência ou algo similar. Se bem que eu, à época, adoraria que ele tomasse esta atitude.

Durante quatro dias, mantive aquele homem preso em um galpão na minha fazenda, vigiado por meus "soldados".

E, no dia 28 de dezembro, acordei decidido a acabar com ele.

Por volta de 14 horas, fui ao galpão. Lá chegando, perguntei:

– Está sendo bem tratado, sr. Valdinez?

– Ramón, aconteça o que acontecer, você é um homem morto. Meus amigos e parceiros acabarão com você se me matar. Pois, digo-lhe agora: manter-me vivo é sua única chance. Solte-me, vá embora de Santa Fé e eu garanto que nada lhe acontecerá.

Soltei uma sonora gargalhada. Olhei para ele, ainda rindo, e falei:

– O senhor acha mesmo, seu velho safado, que após ter conseguido o que almejei a vida inteira, vou fraquejar? Ramón Carreras nunca fraqueja, Valdinez!

Apontei o revólver em sua direção e disse:

– Além do mais, fiz questão de que vivesse uma vida de "porco" nesses dias que antecederam sua morte para que tivesse uma ideia do que nos fez passar durante todo o tempo que minha mãe trabalhou em sua fazenda

Ele me olhou com medo. Pela primeira vez, desde o sequestro em sua fazenda, via aquele homem daquela forma.

Chorando, ele me falou:

– Pelo amor de Deus, Ramón, solte-me! Não me mate! Devolva-me para minha família, eu imploro!

– Como é bom, sr. Valdinez, como é doce ouvir isso da sua boca!

– Leve-me embora! Vamos negociar! Vamos rever tudo! Eu aceito suas condições, mas me mantenha vivo!

– Tarde demais, sr. Valdinez! Contratou Samir para me matar...

Ele me interrompeu:

– Eu queria fazer justiça por causa do saque dos vinhos.

– Mas o senhor sabe que Samir estava à frente daquele roubo comigo, não sabe?

– Sim, eu sempre soube.

– E mesmo assim quis usá-lo para me aniquilar?

– Eu pouco me importava com aquele gringo... – ele chorava copiosamente. – Eu queria atingir você, porque eu não esperava que você, que praticamente foi criado como um filho, me traísse daquela forma.

– O senhor considera-me como um filho? Sempre me tratou como um porco.

– Isso não é verdade! Eu auxiliava sua mãe. Ajudei na sua educação. O que mais queria? Você era o filho da empregada!

Atirei atingindo seu estômago. Ele, que estava sentado, caiu deitado. Chorava e gemia.

Aproximei-me, encostei a arma em sua cabeça e falei:

– Atirar agora e acabar com tudo neste instante será um presente que você não merece, seu velho crápula!

Retirei a arma de sua cabeça, fui embora do galpão e falei aos homens que nada fizessem, que o deixassem morrer "minguando" sozinho.

Ordenei que o enterrassem bem longe de Santa Fé. E assim o fizeram.

Sentia-me vingado e "aliviado".

Em 1849 d.C., eu era visto por todos em Villa del Rosario como um assassino sangrento e cruel. Era acusado pela morte do fazendeiro Valdinez, porém não havia provas, pois o corpo não fora encontrado.

Certa noite, enquanto eu dormia, encontrava-se ao meu lado o Feiticeiro Hijon. Olhava-me visivelmente preocupado. Pai Cipriano do Cruzeiro das Almas apareceu ao seu lado.

– Senhor Hijon, é chegado o momento.

– Está bem, Mestre Mago da Luz!

Entreolharam-se. O velho feiticeiro falou:

– Eu gostaria, Pai Cipriano do Cruzeiro das Almas, que esta missão fosse bem-sucedida, mas...

– Não leve esta missão como uma frustração, Senhor Hijon! O senhor atuou muito bem dentro das possibilidades e como tudo se apresentou. Ele, nesta encarnação, se negativou por demais. Mas, ainda assim, receberá agora um prêmio que aliviará seus tormentos. A partir deste momento ele tomará o rumo correto. Garanto-lhe!

Em sua propriedade, o fazendeiro Albano conversava com um homem:

– Fique com este dinheiro para você. Faça parecer um acidente. Não queremos que pareça um assassinato, pois como não há provas concretas contra ele, poderemos ter problemas se não for desta forma que estou falando.

– Perfeitamente, senhor!

Atrás da porta, próximo à sala de visitas, Andrea escutava tudo. Pôs a mão na boca e, em voz baixa, exclamou:

– Meu Ramón!

Foi para o seu quarto, chorando. Pensou em nossa filha e também em todos os momentos que passara comigo, o homem que ainda amava. Lembrou-se dos primeiros encontros em frente à Catedral. E que, apesar de ter resistido inicialmente aos meus galanteios, sempre se sentiu muito atraída por mim. Lembrou também do passeio no bosque, do primeiro beijo. E passou a chorar ainda mais.

De algum modo, sentia-se culpada por tudo o que estava por acontecer comigo, o pai de sua filha, o amor de sua vida. Mas, não poderia impedir que seu pai fizesse aquilo. Poderia procurar por mim, suplicar para que eu fugisse. Mas seu pai nunca a perdoaria.

Andrea, entristecida, a partir daquele dia, tornou-se uma mulher amargurada.

No dia 14 de abril de 1849 d.C., acordei muito feliz.

Banhei-me e fui passear a cavalo. Alguns de meus "soldados" estranharam aquela minha atitude, pois eu vivia enclausurado na fazenda e, com todas as acusações que vinha sofrendo, evitava sair de casa.

Porém, naquele dia, estava surpreendentemente alegre. E assim me mantive por uma parte do dia.

Durante o passeio a cavalo, comecei a "ver" minha vida passando diante de meus olhos. Vi vários momentos com minha mãe na infância e na adolescência. Vi meus momentos com Tânia.

Vi meus momentos com Andrea. Lembrei-me dela, da nossa filha, e entristeci-me.

Surpreendendo a mim mesmo, resolvi ir até a Igreja da Virgem do Rosário.

Quando lá cheguei, fiquei à porta, admirando a beleza daquela arquitetura e lembrando-me de Andrea. Aquele local havia sido o palco dos nossos primeiros encontros. E era inevitável para mim não associar aquela igreja ao amor da minha vida.

Lembrei-me dela, de Josefina, nossa filha, e lágrimas verteram por minha face.

Naquele momento, Pai Cipriano do Cruzeiro das Almas apareceu às minhas costas, mas eu não sentia sua presença.

Resolvi entrar naquela igreja para rezar. Uma atitude impensada por mim em qualquer outro momento naquela minha encarnação.

Era conduzido, ali, por minha intuição, como não fora em momento algum durante toda a vida.

Já dentro da igreja, ajoelhei-me e comecei a rezar:

"Deus, peço desculpas por tudo de errado que fiz nesta vida. Espero que o Senhor me compreenda. Espero que o Senhor me perdoe. Amém."

Telepaticamente, Pai Cipriano do Cruzeiro das Almas falou:

"Vamos agora, meu menino. Já está na hora!"

Levantei-me, dirigindo-me à saída da igreja. Ele me seguiu, às minhas costas. Mesmo sem perceber, eu era amparado por ele naquele momento.

Quando saí da igreja, caminhava vagarosamente. Ouvi alguém gritar:

– Ramón Carreras!!!!!!!

Olhei para a esquerda e avistei um homem, em um cavalo, correndo em alta velocidade na minha direção. Fiquei sem reação, não conseguia sair do lugar. Quando ele se aproximou, dei um passo para o lado esquerdo. Mas ele passou ainda em alta velocidade com o cavalo, atingindo-me e jogando-me ao chão. Caí desacordado, naquele 14 de abril de 1849, para nunca mais acordar naquela encarnação, naquele lugar.

Aos 37 anos, após levar uma vida que foi um acúmulo de equívocos e negativismos, eu, à época Ramón Carreras, partia para uma nova etapa.

Em um buraco trevoso, Pai Cipriano do Cruzeiro das Almas colocava-me deitado em uma lama nojenta. Ainda desacordado, eu nada via, nada sentia. Ao seu lado, um homem que vestia roupa e capa vermelhas, usava um chapéu vermelho e fumava um charuto, a tudo assistia.

Iniciava-se, ali, a etapa seguinte àquela minha encarnação. E uma história que seria contada mais adiante por aquele homem abnegado, o meu Mestre, o Preto-Velho Mago.

Teus Belos Olhos Azuis*

Teus olhos azuis fazem-me sorrir
E na tua ausência, fazem-me chorar
Tenho certeza, um dia,
Para eles voltarei a olhar
Teu ar angelical vive a me inebriar
E teus encaracolados cabelos louros
Sempre me fazem sonhar
Em frente àquela igreja, pude te desejar
E sabia que, em breve, conseguiria te amar
Hoje não te encontras ao meu lado
Mas sei que um dia vais voltar
E me perdoarás, afagando meu rosto
Como sempre fazes, porque só tu
Andrea, como mais ninguém,
Sabes me amar.

---

* Esse poema foi escrito por Ramón Carreras e dedicado à sua amada Andrea (a cujas mãos nunca chegou), dois dias antes do seu desencarne.

Leitura Recomendada

História da Pombagira
Princesa dos Encantos
Rubens Saraceni

História da Pombagira é um romance que se passa há muito tempo e nos remete a uma época mítica, impossível de ser detectada nos livros de História. Rubens Saraceni, inspirado por Pai Benedito de Aruanda, mostra a lapidação de uma alma, tal qual um diamante bruto, e a sua trajetória rumo à Luz!

A Evolução dos Espíritos
Rubens Saraceni

Nessa obra mediúnica psicografada pelo Mestre Mago Rubens Saraceni, os Mestres da Luz da Tradição Natural dão abertura a um novo e magnífico campo para o entendimento da presença divina no cotidiano das pessoas. Para isso, tecem breves comentários a respeito da diversidade da criação e da natureza e sobre a evolução dos homens.

As Sete Linhas de Evolução e Ascensão do Espírito Humano
Rubens Saraceni

Na senda evolutiva do espírito são vários os caminhos que podem ser percorridos para a conquista do objetivo maior, que é o de sermos espíritos humanos divinizados. Mas que caminhos são esses que favorecem um "atalho" para se chegar mais rápido ao pódio?

Orixá Pombagira
Fundamentação do Mistério na Umbanda
Rubens Saraceni

Mais um mistério é desvendado: o da Pombagira, Orixá feminino cultuado na Umbanda. Por muitos anos, ela foi estigmatizada sob o arquétipo da "moça da rua", o que gerou vários equívocos e, por que não dizer, muita confusão, pois diversas pessoas já recorreram a ela para resolver questões do amor, ou melhor, para fazer "amarrações amorosas" à custa de qualquer sacrifício.

www.madras.com.br

MADRAS® Editora — CADASTRO/MALA DIRETA

Envie este cadastro preenchido e passará a receber informações dos nossos lançamentos, nas áreas que determinar.

Nome _____
RG _____ CPF _____
Endereço Residencial _____
Bairro _____ Cidade _____ Estado ____
CEP _____ Fone _____
E-mail _____
Sexo ❏ Fem. ❏ Masc.   Nascimento _____
Profissão _____ Escolaridade (Nível/Curso) _____

Você compra livros:
❏ livrarias   ❏ feiras   ❏ telefone   ❏ Sedex livro (reembolso postal mais rápido)
❏ outros: _____

Quais os tipos de literatura que você lê:
❏ Jurídicos   ❏ Pedagogia   ❏ Business   ❏ Romances/espíritas
❏ Esoterismo ❏ Psicologia ❏ Saúde   ❏ Espíritas/doutrinas
❏ Bruxaria   ❏ Autoajuda   ❏ Maçonaria ❏ Outros:

Qual a sua opinião a respeito desta obra? _____
_____

Indique amigos que gostariam de receber MALA DIRETA:
Nome _____
Endereço Residencial _____
Bairro _____ Cidade _____ CEP _____

Nome do livro adquirido: ***Nas Amarras da Arrogância***

Para receber catálogos, lista de preços e outras informações, escreva para:

MADRAS EDITORA LTDA.
Rua Paulo Gonçalves, 88 – Santana – 02403-020 – São Paulo/SP
Caixa Postal 12183 – CEP 02013-970 – SP
Tel.: (11) 2281-5555 – Fax.:(11) 2959-3090
www.madras.com.br

Este livro foi composto em Times New Roman, corpo 13/15,6.
Papel Offset 75g
Impressão e Acabamento
Orgráfic Gráfica e Editora — Rua Freguesia de Poiares, 133
— Vila Carmozina — São Paulo/SP
CEP 08290-440 — Tel.: (011) 2522-6368 — orcamento@orgrafic.com.br